LE CONTRAT

DE

LOUAGE D'OUVRAGE

ET D'INDUSTRIE,

EXPLIQUÉ

AUX OUVRIERS ET A CEUX QUI LES EMPLOIENT,

SELON LES LOIS, RÉGLEMENTS ET USAGES,

ET LA JURISPRUDENCE DES CONSEILS DE PRUD'HOMMES,

Par MOLLOT,

Avocat à la Cour royale de Paris.

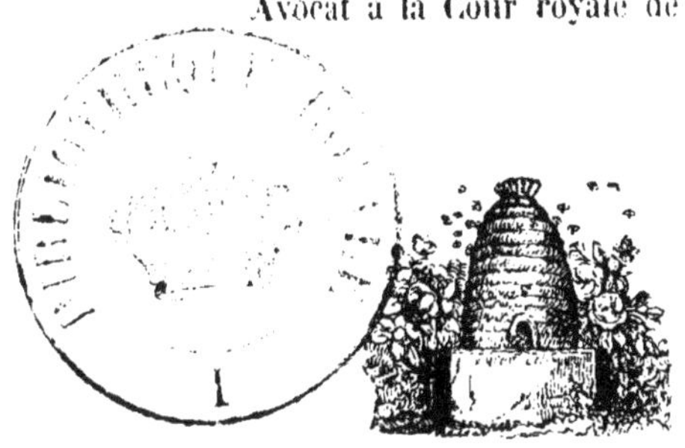

PARIS,

NAPOLÉON CHAIX ET Cie, ÉDITEURS,

Rue Neuve-des-Bons-Enfants, 7 ;

VIDECOQ, PÈRE ET FILS, PLACE DU PANTHÉON, 1.

1846.

Paris, imprimerie centrale de NAPOLÉON CHAIX ET Cie,
Rue Neuve-des-Bons-Enfants. 7.

En expliquant le CONTRAT D'APPRENTISSAGE aux maîtres et aux apprentis, je me suis proposé de fixer la base des premières relations qui rapprochent les hommes de travail ; mais je n'aurais pas rempli mon but si je ne les avais pas suivis au-delà de l'apprentissage, en essayant de guider leur marche dans la seconde époque de la vie industrielle ; je devais leur expliquer aussi le contrat de LOUAGE D'OUVRAGE ET D'INDUSTRIE (1).

Malheureusement, tous les ouvriers n'arrivent pas à cette période, après avoir passé par la première. Soit mauvaise direction, soit insouciance, soit faute de moyens d'existence ou de secours, il en est qui, n'ayant pas d'état à

(1) Si l'on veut étudier la condition des professions ouvrières, au point de vue moral et sanitaire, on peut consulter, parmi d'excellents ouvrages, l'*État physique et moral des ouvriers*, par M. le docteur Villermé, membre de l'Institut, et les *Progrès de l'industrie*, par M. le baron de Gérando.

vrai dire parce qu'ils n'en ont pas appris dans leur jeunesse, se trouvent condamnés à un travail plus ingrat, à être simples manœuvres ou hommes de peine. Ceux-là ont encore besoin d'un guide, et peut-être en ont-ils besoin plus que les autres : je leur offrirai, comme aux ouvriers sortis d'apprentissage, mes observations et mes conseils.

Le contrat désigné dans notre Code, sous le nom de *louage d'ouvrage et d'industrie*, comporte plus d'étendue que le sujet dont je veux retracer les principes.

Mon objet est d'exposer les rapports légaux qui existent entre les ouvriers et ceux qui les emploient, c'est-à-dire les droits, obligations et conséquences respectifs qui résultent de ces rapports. Et je m'occuperai plus spécialement des personnes qui se livrent à l'industrie.

On conçoit pourtant qu'il n'est pas possible d'établir la condition légale des ouvriers sans envisager les conventions qu'ils font en cette qualité, avec toutes personnes même étrangères à l'industrie. On comprendrait encore moins que j'omisse de parler des engagements de travail, qui concernent l'agriculture, car elle est aussi une industrie.

Je sais que de savants commentaires ont traité du louage d'ouvrage et d'industrie ; mais ils ne sont pas à la portée du plus grand nombre de ceux que je désire éclairer ; ils ne font pas connaître les usages qui, dans l'industrie, ont une si grande puissance ; et il importe que les règles usuelles d'un contrat qui constitue le rouage de la machine, soient mises dans la main de tous ceux qui travaillent ou font travailler.

C'est donc, au point de vue pratique et industriel, qu'il convient de leur exposer ces règles, et le Code ne l'a pas fait. Peut-être même, qu'il me soit permis de le dire, ses dispositions générales n'ont pas toute la précision désirable.

Mais il est un moyen sûr de suppléer tout ce qu'il n'enseigne pas, c'est de consulter les principes de l'équité. De tous les contrats, en effet aucun, plus que le louage d'ouvrage, n'a besoin de s'appuyer sur cette base invariable.

Si les ouvriers sont ignorants des formes de la loi et peu soucieux de les apprendre, ils ont le sentiment de la droiture et de l'équité. En touchant cette corde délicate, vous pouvez être convaincu qu'ils comprendront vos enseignements et les suivront.

Il s'agit moins de leur montrer comment une contestation se défend, que la manière dont on la prévient.

D'un autre côté, j'écarterai de mon travail élémentaire, d'assez graves difficultés qu'il serait inopportun d'y rattacher.

Des intérêts divers que je crois inspirés par de louables motifs, ont élevé de nombreuses théories sur la condition des travailleurs et ce qu'on appelle aujourd'hui l'organisation du travail. Je n'entrerai pas dans ces discussions, parce qu'elles sont restées jusqu'ici à l'état de controverse et d'incertitude. Aucune idée saisissable n'a été formulée, aucun plan indiqué (1); et toutes innovations législatives seraient difficiles sinon impraticables, en pareille matière.

Après des siècles d'asservissement et de préjugés, l'industrie française a dû à la révolution

(1) Académie des Sciences morales et politiques, séance du 16 juillet 1844.

de 1789 la conquête de deux principes rénovateurs, la liberté et l'égalité dans le travail; et de ces principes, comme d'une source pure et vivifiante, ont découlé depuis cinquante ans les lois et les règlements sur l'industrie, les usages et les mœurs qui, en s'identifiant avec elle, lui sont devenus propres.

Les lois et les règlements appellent sans doute des perfectionnements qui les mettent au niveau des progrès acquis pendant cet intervalle de temps si profitable pour elle; il n'en résulte pas cependant la nécessité de modifier les rapports qui existent aujourd'hui entre le maître et l'ouvrier. Ces rapports se fondent essentiellement sur les idées nouvelles; ils ont entre eux la plus étroite affinité et se prêtent un mutuel appui. Du jour où l'on viendrait les entraver par des prétentions contraires et irritantes, n'importe d'où procédât l'exagération, le désordre renaîtrait et, avec lui, l'état de guerre qui ruine également les deux partis.

Ceux qui veulent se dépouiller de toute prévention doivent être frappés d'une vérité immense par ses résultats : c'est que la civilisation, dont quelques nations anciennes et modernes se sont tour-à-tour enorgueillies, ne brillait que pour les sommités. A présent, et je ne parlerai que de ce qui se passe dans notre pays, elle fait sentir sa précieuse influence pour tous les citoyens, ce qui vaut mieux; et ses rayons bienfaisants protégent les plus humbles comme les plus élevés. C'est qu'on a fini par comprendre que l'homme est partout. Il ne s'agit donc plus que d'attendre, et les conséquences de cette vérité instinctive, trop longtemps méconnue, grandiront chaque jour sans commotion, sans efforts, et le gouvernement sera le premier à seconder le progrès, certain d'y trouver lui-même son intérêt et sa gloire.

Si l'on étudie la situation enviée de l'Angleterre, on sera touché de la différence énorme qui existe entre la condition de ses ouvriers et la condition des nôtres. On y verra, dans toutes les villes de fabrique et au sein même de la capitale, la misère, la dépravation, la décrépitude, végétant au milieu de ces ateliers si nombreux et en apparence si prospères (1).

(1) *Études sur l'Angleterre*, par M. Léon Faucher.

Le meilleur moyen d'améliorer la condition des hommes qui travaillent, c'est de leur faire connaître leurs véritables intérêts, en leur démontrant que ces intérêts se lient à leurs devoirs autant qu'à leurs droits.

L'État et les communes s'efforcent de subvenir aux besoins les plus pressants. Des caisses d'épargnes sont ouvertes pour conserver et faire fructifier les économies des pauvres; des maisons d'asile, pour recevoir leurs enfants; des écoles gratuites pour les enseigner. Partout une philanthropie éclairée et religieuse s'étudie à alléger des souffrances qu'il n'est pas toujours permis de prévenir. S'il reste encore à faire, et personne ne peut en douter, c'est au gouvernement qu'il appartient de chercher la solution du problème qui, je le reconnais, présente de très-graves difficultés.

J'examinerai donc le contrat de louage selon *le droit actuel*, et je me bornerai à signaler les améliorations qui me semblent exécutables; ce sera toujours un pas en avant, les hommes d'État aviseront.

Dans un enseignement pratique bien plus

que doctrinal, je dois m'abstenir de toute discussion pour l'exposition des règles. Ayant étudié avec soin les textes, les faits, les usages, je les citerai, je formulerai mes opinions en termes succincts, et j'espère qu'on y ajoutera créance. Plusieurs des principaux Conseils de Prud'hommes ont consenti à m'aider de leurs documents et de leurs lumières; si ces renseignements varient suivant les localités et les industries, ils se touchent sur les points essentiels, et forment un ensemble où l'on peut trouver des notions exactes pour l'application des principes.

Au moment où des lois importantes sur l'industrie vont se discuter devant les Chambres, peut-être mon travail aura-t-il une autre opportunité.

Enfin, c'est en vue de l'institution des Prud'hommes que j'ai rédigé cet opuscule, puisqu'il leur appartient de redresser les infractions commises au contrat de louage d'ouvrage et d'industrie par leurs justiciables. J'ai invoqué les décisions de cette juridiction spéciale, qui rend de si grands services, et, tout en profitant de son expérience, j'indiquerai les aperçus qui auraient pu lui échapper.

On me pardonnera quelques détails qui sembleraient minutieux ailleurs : le but de l'ouvrage les exige ici.

DIVISION DES MATIÈRES.

CONTRAT

DE

LOUAGE D'OUVRAGE

ET D'INDUSTRIE.

L'homme est né pour le travail.

TITRE Ier.

ORIGINE DU CONTRAT DE LOUAGE.

1. Cette origine est aussi ancienne que les sociétés civilisées.

2. On a commencé par échanger les choses mobilières et immobilières, telles que la nature les avait produites, ou dans l'état de transformation que le travail de l'homme leur avait donné. On les a vendues, moyennant un prix, lorsque la monnaie est venue fournir un signe de convention représentatif de leur valeur.

3. Bientôt on a senti qu'il pouvait y avoir

utilité à en transmettre le simple usage, sauf indemnité, sans que le propriétaire les aliénât, et sans que celui qui en avait un besoin momentané, fût obligé de les acheter. De là le louage des choses. (Art. 1709 et suiv. Code civil.) Et le louage des choses a naturellement amené le louage d'ouvrage et d'industrie. (Article 1708.)

En effet, si l'homme est porté, par instinct, à être utile à l'homme, il en est empêché souvent par sa position particulière : il se doit à sa famille, à soi-même; il est d'ailleurs tels services qui excèdent les devoirs de l'humanité. D'un autre côté, les services ne s'appliquent pas seulement à la personne d'autrui; ils profitent à sa propriété, ils la conservent et l'améliorent.

4. Le louage d'ouvrage et d'industrie, comme le louage des choses, est donc fondé sur le même principe que l'échange et la vente, le principe d'un intérêt positif, légitime, réciproque, et aussi verrons-nous que, dans l'application, il présente avec ces dernières de nombreuses analogies.

5. Il existe pourtant, entre les trois autres conventions et le louage d'ouvrage, une nota-

ble différence, celle qui résulte de toute la distance séparant la matière inanimée de l'œuvre intelligente de l'homme. Cette différence n'est pas seulement remarquable dans le sens moral, elle a des effets légaux; trop souvent le contrat de louage a été dénaturé : là, transformé en une sorte d'esclavage; ici, frappé d'une funeste déconsidération. Cet état de choses a cessé, heureusement (1). On comprend, aujourd'hui, que sous un régime de liberté, le travail, ayant reconquis toute son indépendance, est devenu la puissance sociale la plus active et la plus féconde, celle qui crée les produits livrés à la consommation et au commerce, qui les répand au dehors comme au dedans du pays, qui le nourrit, l'enrichit et le glorifie, en y établissant partout des coutumes d'ordre, d'économie, de moralité.

6. C'est assez dire l'importance qui s'attache au contrat destiné à régulariser cette grande faculté de l'homme, la protection qui lui est nécessaire, les nuances délicates qu'il comporte

(1) Nous avons signalé les abus de l'ancien système des communautés, corps et métiers dans notre *Compétence des Prud'hommes*, pages 20 et suivantes. Il a été supprimé par la loi du 2 mai 1791, qui a proclamé la liberté de toutes les professions.

dans son exécution, et le soin que nous devons apporter à en exposer les règles.

7. Nous ne nous occuperons pas de deux espèces de conventions qui sont étrangères au louage d'ouvrage; mais elles méritent d'être signalées, parce qu'elles peuvent influer sur sa bonne exécution : nous voulons parler des *Associations* entre les maîtres, et des *Caisses de secours* entre les ouvriers.

8. Les *Associations des maîtres* sont formées par la réunion volontaire et libre des membres ou plutôt de la grande partie des membres qui composent une certaine industrie, et qui placent à leur tête quelques élus, sous la dénomination collective de *chambre syndicale* ou de *syndicat*, à l'instar des chambres syndicales ou de discipline que des lois spéciales ont données à des professions légales, comme celles des agents de change, des courtiers de commerce, des commissaires priseurs, etc. Le but de ces associations, purement privées, est utile et honorable. La chambre élue reçoit la mission de veiller aux intérêts généraux de sa compagnie, et d'y maintenir autant que possible les principes de prudence et de conduite propres à régulariser l'exercice de son industrie spéciale.

Quelques unes de ces sociétés y ont ajouté un but de secours et de bienfaisance mutuels. C'est toujours une bonne chose qu'une institution qui tend à protéger et à moraliser les individus. Mais ce qui manque à ces chambres syndicales, c'est la sanction de la loi qui seule peut déléguer un pouvoir suffisant ; c'est encore, nous le disons à regret, le concours des ouvriers qui appartiennent à leurs industries ; ils n'y sont pas représentés : et il en résulte qu'elles restent impuissantes pour régler et pacifier les différends qui s'élèvent entre eux et les chefs d'établissements. A Paris, les menuisiers, les charpentiers, les serruriers, les maçons et plusieurs autres corps d'état ont leur chambre syndicale. (1) Nous leur recommandons cette dernière réflexion.

9. Quant aux *Caisses de secours*, elles sont fondées par les ouvriers, dans de grands ateliers, au moyen d'un prélèvement périodique qu'ils font sur chaque paye dans les mains de

(1) Ces associations ont bien reçu du gouvernement la permission de se réunir au-delà du nombre défendu, mais elles n'ont pas reçu sa consécration. Nous sommes encore trop près du régime des anciennes corporations et de leurs abus, pour qu'on veuille les faire revivre.

l'un d'eux ou de plusieurs. Ce fonds de réserve est affecté à procurer à leurs camarades du même atelier qui sont malades ou sans emploi, un secours momentané de tant par jour, et cette convention s'exécute sans écrit, loyalement, ponctuellement. Plusieurs chefs d'établissements encouragent par leurs dons ces précieuses réunions dont il existe un très-grand nombre à Paris. Celle des ciseleurs, monteurs et tourneurs en bronze, appelée société du *Bon Accord*, date de 1819; elle est remarquable par la sagesse de ses statuts. On commence à en instituer de semblables dans d'autres places manufacturières; je citerai, entre autres, les villes de Rouen, de Lyon, de Troyes, de Châlons-sur-Marne (1).

(1) On a conçu récemment, à Paris, le plan d'une institution plus vaste, qui constitue une caisse de *retraite* pour les vieillards anciens ouvriers. Ce projet, soutenu par des hommes considérables, parmi lesquels nous citerons MM. le comte Molé, de Gasparin, Hip. Passy, Vivien, Michel Chevalier, Denière père, a été présenté au gouvernement pour être converti en loi; il n'a pas eu de résultat jusqu'ici. Cependant M. le ministre du commerce annonce, dans une circulaire récente, qu'il doit consulter sur ces établissements le conseil général des manufactures. Nous espérons que le gouvernement comprendra l'utilité de la mesure, et lui prêtera son appui.

Lorsqu'on réfléchit qu'avec le secours de ces institutions, les ouvriers peuvent, en prélevant sur le produit de leur travail quoti-

TITRE II.

OBJET ET NATURE DU CONTRAT

SECTION PREMIÈRE

SON OBJET.

10. Il est essentiel de bien préciser l'objet du louage d'ouvrage et d'industrie, considéré à notre point de vue.

11. La loi du 22 germinal an XI qui, la première, a réglementé les manufactures, fabriques et ateliers, n'a pas défini le contrat. Elle s'est plutôt occupée du régime intérieur de police que des principes touchant au droit, sauf quelques dispositions isolées dont nous rapporterons les termes en leur lieu. D'autres lois ou règlements spéciaux que nous ferons con-

dien *dix centimes au plus*, se procurer pour leurs vieux jours une pension viagère de 4 à 500 fr., on doit croire qu'ils s'empresseront d'en profiter, si la loi les protége. Ce qu'ils craignent, c'est qu'une caisse privée ne conserve pas leur précieux dépôt : pourquoi l'État ne leur offrirait-il pas des moyens de garantie ?

naître gardent aussi le silence sur la doctrine, et la nouvelle loi du 22 mars 1841, sur le travail des enfants employés dans les manufactures, usines et ateliers, n'est elle-même qu'un appendice. C'est donc, dans le Code civil, que nous devons puiser les premiers éléments de notre opuscule, en les complétant, comme nous l'avons annoncé, par les principes généraux du droit et de l'équité.

12. « Le louage d'ouvrage, dit l'art. 1710 » du Code, est un contrat par lequel l'une des » parties s'engage à faire quelque chose pour » l'autre, et moyennant un prix convenu entre » elles. »

13. L'art. 1779 ajoute :

« Il y a trois espèces de louages d'ouvrage et d'industrie :

» 1° Le louage des gens de travail qui s'en- » gagent au service de quelqu'un ;

» 2° Celui des voituriers, tant par terre que » par eau, qui se chargent du transport des » personnes ou des marchandises ;

» 3° Celui des entrepreneurs d'ouvrages par » suite de devis ou marchés. »

Il ne s'agit ici que de la première et de la seconde espèce de louage, et encore sous quelques restrictions.

14. Par gens de travail, cet article entend les *ouvriers* et les domestiques : c'est ce qu'on voit par l'intitulé de la section première, qui est applicable au numéro 1er de l'art. 1779 et où il est question des uns et des autres.

15. Sous la dénomination générique d'entrepreneurs d'ouvrages, il comprend tout à la fois les chefs d'entreprises proprement dits et les *ouvriers;* c'est ce que démontrent les articles 1788 et suivants, qui sont placés sous la section 3e applicable au n° 3 du même article 1779, et qui régissent nominativement les ouvriers dans leurs dispositions.

16. Si les voituriers, tant par terre que par eau, ne rentrent pas dans le plan de notre ouvrage, il convient de faire observer qu'ils emploient eux-mêmes des ouvriers, soit pour la confection et la réparation de leurs voitures ou bateaux, soit pour le débardage, le chargement ou déchargement des effets transportés; alors il s'établit entre eux et tous ces ouvriers l'espèce de contrat de louage dont nous allons traiter.

17. Le Code admet, d'ailleurs, une distinc-

tion essentielle entre les ouvriers gens de travail, et les ouvriers entrepreneurs d'ouvrages.

Les premiers sont ceux qui, dans les fabriques et dans toutes les professions industrielles, louent leurs services *à temps*, c'est-à-dire, à la journée, à la huitaine, à la quinzaine, au mois, etc. (V. ci-après nº 22.)

Les autres, quel que soit le genre de leur industrie, louent leurs services *à façon*, c'est-à-dire, moyennant un prix proportionné à la quantité de travail qu'ils exécutent, avec la matière qui leur est fournie, et sans égard au temps qu'ils y emploient. (V. ci-après nº 24.)

18. Nous n'avons pas à nous occuper des domestiques, car ils ne sont pas ouvriers dans le sens légal, et les lois les rangent dans une situation inférieure (1). La différence qui sépare les domestiques des ouvriers consiste, en ce que ceux-là sont attachés au service de la

(1) La législation politique refuse aux domestiques la qualité de citoyens, ou du moins elle suspend pour eux l'exercice des droits civiques. Loi du 22 décembre 1789, sect. 1re, art. V; Constitution du 3-14 septembre 1791, titre 3, ch. 1er, sect. 2, art. II; Constitution du 5 fructidor an III, art. XIII; Constitution du 22 frimaire an VIII, art. V.

personne du maître exclusivement (1), tandis que ceux-ci louent leurs services pour un tout autre emploi qui est déterminé par le contrat.

19. Nous parlerons des entrepreneurs ou chefs d'entreprises, mais en les considérant plus spécialement dans leurs rapports avec les ouvriers qu'ils emploient à l'exécution de leurs travaux.

20. Les commentateurs du Code appellent conducteur ou locataire celui qui fait travailler, et locateur celui qui travaille ; mais, pour plus de clarté, de précision, nous préférons maintenir les dénominations admises par le Code, et qui sont en même temps les plus usuelles (2). Pour lui, les deux contractants sont le *maître* et l'*ouvrier* (art. 1781, 1788 et suivants).

Nous ferons pourtant remarquer que la qualification de maître ne peut pas impliquer l'idée d'une dépendance absolue du côté de l'ouvrier ; elle n'est absolument exacte que vis-à-vis des domestiques et des apprentis. C'est pour

(1) Exception pour les exploitations rurales. (V. ci-après n° 27.)

(2) A Paris, les ouvriers appellent aussi leurs maîtres *patrons*, comme ceux-ci appellent *clients* leurs pratiques d'autrefois.

cela sans doute que la loi du 22 germinal an XI avait désigné les maîtres, par ces expressions générales : ceux qui emploient les ouvriers.

20. Quant aux ouvriers, ils prennent des dénominations particulières, selon la condition de leur travail et selon les localités.

22. Les ouvriers à temps ou *à la journée* (1) s'appellent communément *compagnons, hommes de peine* (2), *garçons, manouvriers, journaliers*, etc. D'après l'espèce de la fabrique, on les nomme aussi rattacheurs, tireurs, lanceurs, dévideurs, etc.

23. Le contre-maître et le chef ouvrier (3) sont eux-mêmes des ouvriers à temps, et rien de plus.

Le contre-maître est *l'ouvrier principal* auquel le fabricant a confié la surveillance des travaux de la fabrique à raison de sa plus

(1) Cette dernière locution est la plus familière.

(2) Quelquefois ceux-ci remplissent dans la maison du fabricant certains services de domesticité.

(3) Dans les usines de fontes moulées, il s'appelle *maître-sableur ;* dans les tireries, *maître-ouvrier*. On nomme aussi contre-maîtres les simples chefs d'ateliers, dans quelques contrées industrielles ; par exemple, à Saint-Quentin et aux environs.

grande capacité. Dans quelques ateliers considérables, il y a plusieurs contre-maîtres, et chacun d'eux dirige l'une des différentes branches de la fabrique. Au-dessus d'eux est quelquefois placé un directeur qui n'est plus ouvrier, ni assimilable aux ouvriers, mais l'agent ou le préposé du fabricant.

Le chef ouvrier ou maître compagnon fait l'office du contre-maître dans les industries qui occupent un moins grand nombre d'ouvriers : par exemple, dans les ateliers de maçonnerie, de charpente.

Le contre-maître et le chef ou maître compagnon exercent, à l'égard des autres ouvriers, tous les pouvoirs que le chef de l'établissement leur a délégués, pouvoirs qui varient, dans leur étendue, selon les lieux, les industries et la volonté de ce dernier (1). Cependant ce serait à tort et par un faux préjugé, que le contre-maître et le chef ouvrier deviendraient l'objet de la défiance de leurs camarades. Puisque les ouvriers ont besoin de recevoir des instructions et des ordres pour l'exécution de leur travail, puisque les chefs

(1) V. ci-après, n° 155.

d'établissements peuvent être malades, absents ou empêchés, il faut bien que ceux-ci aient la faculté de se faire suppléer par quelqu'un. C'est la hiérarchie de l'atelier : il en faut une partout.

24. Les ouvriers à façon, c'est-à-dire ceux travaillant à la tâche ou à la pièce d'ouvrage, sont connus sous divers noms : *ouvriers à façon*, *à la tâche* ou *à la pièce*, *chefs d'atelier*, *façonniers*, *tâcherons*, *marchandeurs*, etc.

Les chefs d'atelier ne sont guère employés que dans les fabriques de soieries (1) et autres analogues. Il en existe à Paris pour celles non moins considérables des châles (2), des bijoux et des meubles.

25. Les entreprises de travaux publics et de chemins de fer, devenues si importantes aujourd'hui, emploient, à ces deux titres, un grand nombre d'ouvriers (3), qui sont pour la plupart des *terrassiers* ; elles ont des *conducteurs*, des *piqueurs*, ou contre-maîtres, chargés de les surveiller.

(1) A Lyon, on les appelle aussi maîtres-ouvriers.

(2) Ceux-ci se nomment *gaziers*.

(3) Il en est de même dans les forges de fer, hauts-fourneaux et dans les usines accessoires.

26. Les ouvriers employés aux mines de houille et autres travaillent également à la journée et à la tâche. Ils ont des contre-maîtres, qu'on nomme dans le nord *porions* et *sous-porions*. Un directeur, agent en chef de la compagnie, dirige les travaux, dresse les plans, embauche les ouvriers, les paye, etc.

27. Dans l'agriculture enfin, les ouvriers à la journée ou à la tâche sont les *terrassiers*, les *faucheurs*, les *moissonneurs*, etc. Les chefs de *culture* font l'office de contre-maîtres ou de commis, ils dirigent le travail et les travailleurs en l'absence du maître. Les charretiers, garçons de cour, bergers et valets de ferme sont plutôt assimilés à des domestiques qu'ils ne sont ouvriers proprement dits.

28. Le commis ne saurait être assimilé à l'ouvrier à temps, lorsqu'il demeure absolument étranger aux travaux de la fabrication ou de l'industrie; mais cette assimilation nous paraît juste et nécessaire, s'il est employé à quelque surveillance industrielle ou à des écritures dans l'atelier, par exemple, à l'enregistrement des heures de travail ou d'absence, à la distribution des matières, à la réception de l'ouvrage; alors, il remplit en quelque sorte l'emploi de

contre-maître : c'est ce que nous avons pensé dans notre *Compétence*, n° 260 ; et l'ordonnance royale du 29 décembre 1844, en instituant les Prud'hommes pour les métaux à Paris, a compris sous leur juridiction les *employés* des fabriques indiquées.

29. Nous sommes portés à admettre la même assimilation à l'égard de ces espèces de courtiers, hommes ou femmes, que l'orfèvrerie, la bijouterie et d'autres industries analogues emploient à Paris pour le placement de leurs produits (1).

30. L'assimilation n'est pas possible, très-certainement, à l'égard des artistes qui travaillent pour l'industrie. (V. ci-après, n° 39.)

31. Les ouvriers à façon emploient souvent des ouvriers à la journée qu'ils embauchent et paient eux-mêmes ; ils remettent quelquefois tout ou partie de leur ouvrage à d'autres ouvriers à la tâche ou à la pièce (2), qui prennent le nom de sous-marchandeurs.

(1) Ils s'engagent pour un mois, avec un seul ou plusieurs fabricant d'industries diverses, moyennant un salaire fixe et une prime sur les bénéfices ; ils doivent donner ou recevoir un congé de quinzaine.

(2) Sauf la restriction indiquée n° 147.

32. L'emploi des ouvriers à façon tend à augmenter chaque jour, dans toutes les localités et pour tous les genres d'industrie. La raison en est simple : aucun genre de travail n'est plus propre à exciter l'émulation et le progrès; chacun y gagne, l'ouvrier habile et laborieux, en retirant de son travail un plus grand profit avec moins d'assujétissement; le fabricant, en obtenant plus de production avec moins de surveillance, et sans que la bonne confection de l'ouvrage en souffre. On met aussi à ses pièces l'ouvrier dont l'habileté n'est pas éprouvée, et que, par cette raison, on ne veut pas employer à tant par jour.

Dans ces derniers temps, le marchandage qui est un louage à façon, a soulevé de vives réclamations. Cependant il participe à tous les avantages de ce mode de contrat, et souvent il procure à l'ouvrier à la journée un salaire plus élevé, soit que le marchandeur obtienne plus de travail par une surveillance plus active, soit qu'il trouve une compensation de la haute paye dans l'absence des frais généraux qui grèvent le fabricant. Si le marchandage peut entraîner quelques abus par suite d'un abaissement excessif du prix du forfait, abaissement produit par la concurrence, et qui met le marchandeur dans la nécessité fâcheuse de diminuer le salaire de l'ouvrier, c'est que les meilleures choses ont leur mauvais côté. Il importe seulement de régulariser l'exécution du contrat, contre laquelle se dirigent les plaintes les plus sérieuses, nous essaierons de le faire nos 225 et suiv.

33. Le même chef de fabrique occupe presque toujours dans son atelier, tout à la fois, et des ouvriers à temps et des ouvriers à façon. Cet usage qui tient aux exigences ou aux convenances de la fabrication, est reçu presque universellement à Paris et ailleurs.

34. Il n'est pas besoin de faire remarquer que la loi statue pour les individus de l'un et de l'autre sexe, ouvriers et maîtres, dans tous les genres d'industrie. C'est aussi, avec leur double acception, que nous emploierons ces mots génériques, pour éviter des longueurs dans le cours de nos explications, sauf quelques cas particuliers que nous aurons la précaution de signaler. Si la loi, dans son langage toujours concis et absolu, ne pose pas les distinctions et les nuances que de savants philanthropes ont cherché à établir entre les hommes ouvriers et

les femmes ouvrières, elle est loin de défendre aux juges, qui sont ses meilleurs interprètes, d'accepter, en faveur de ces dernières, les tempéraments qui peuvent se concilier avec les dispositions générales de la loi. — Nous n'hésitons pas à admettre ce principe, et nous l'appliquerons, ainsi que nous l'avons fait dans le contrat d'apprentissage (1).

SECTION DEUXIÈME.

NATURE DU CONTRAT.

35. Le louage d'ouvrage et d'industrie est, comme l'apprentissage, un contrat commutatif, c'est-à-dire intéressé des deux côtés, puisque chacune des deux parties donne ou promet à l'autre une chose appréciable : l'ouvrier, son temps ou sa façon; et celui qui l'emploie, fabricant ou autre, un salaire ou un prix. (Art. 1710.)

36. Le contrat devient par là même synallagmatique, en ce qu'il ne peut ni se former,

(1) Un temps viendra, nous l'espérons, où le législateur éprouvera le besoin de fixer lui-même ces différences, qui sont trop graves pour ne pas exciter son attention toute spéciale.

ni se dissoudre, sans le consentement mutuel des deux contractants.

37. Il a, de plus que le contrat d'apprentissage, l'avantage d'être défini et réglé par la loi, dans ses dispositions fondamentales.

38. Il s'est élevé pourtant, sur l'application du contrat, deux questions :

39. 1° On s'est demandé si la convention faite, entre le peintre ou le sculpteur et celui qui lui commande un tableau ou une statue, constitue un véritable louage, ou simplement un mandat dont les principes et les conséquences diffèrent des principes et des conséquences du louage; et la solution des jurisconsultes a varié, suivant qu'ils admettent, ou non, une distinction légale entre les arts libéraux et les arts mécaniques. Pour notre compte, nous adoptons cette distinction au point de vue de la loi, sans confondre cependant, comme on l'a fait, l'industrie avec l'industrialisme qui en est l'abus : nous ne pouvons pas reconnaître un contrat de louage dans l'hypothèse proposée.

Mais il s'agit de savoir si cette convention prendra un autre caractère, lorsqu'elle sera faite en vue d'une opération industrielle. C'est ainsi que les fabricants de bronze, les orfèvres, les fabricants de porcelaine et de papiers peints traitent avec des sculpteurs, des peintres, des dessinateurs et des graveurs, pour la composition ou l'exécution de leurs produits. Cette autre question peut être plus délicate, et dépendre des circonstances. Nous croyons qu'il n'y aura un louage qu'autant que le sculpteur, le peintre, le graveur et le dessinateur sera descendu à la condition du simple ouvrier, en consentant à travailler dans la fabrique, à tant par jour ou par mois, ou à tant la pièce. (V. notre *Compét.*, page 167.) Cette situation est si peu ordinaire, qu'elle doit difficilement se présumer.

40. 2° On a encore recherché si la commande faite d'un bijou ou d'un meuble à celui qui fournit avec sa façon toute la matière, est bien un louage, ou si elle n'est pas plutôt un achat de la part du commandeur, une vente de la part de l'autre. Ce qui importe également dans la solution, c'est que le louage et la vente diffèrent entre eux quant aux principes et aux résultats. Nous persistons à penser qu'il y a vente et non louage dans ce cas. (V. notre *Compétence*, n° 198.) Suivant nous, celui qui façonne et fournit tout à la fois, quelque

minime que soit la valeur de la matière fournie en totalité, n'est plus ouvrier à façon dans le sens légal; il fait l'office d'un véritable fabricant qui vend et livre lui-même son produit, après l'avoir fabriqué.

Et l'article 1711 confirme assez nettement notre avis, par son dernier paragraphe ainsi conçu : « Les *devis*, *marché* ou *prix fait*, pour » l'entreprise d'un ouvrage moyennant un » prix déterminé, sont aussi un louage, *lors-* » *que la matière est fournie par celui pour qui* » *l'ouvrage est fait.* »

41. Dans l'orfèvrerie, par exemple, il peut arriver que l'ouvrier à façon, qui a reçu de divers fabricants une certaine quantité d'argent ou d'or, pour la confection de pièces d'argenterie ou de bijoux, n'emploie pas identiquement la matière remise par chacun d'eux à la fabrication de l'objet que celui-ci a commandé. Ce cas est tout différent de l'espèce précédente. Ici, l'ouvrier (1) reste dans la condition du contrat de louage, parce que la matière par lui

(1) Dont le procédé doit être désapprouvé, disons-le, parce qu'il importe de laisser à chaque fabricant la responsabilité du titre qu'il a préparé. Le même exemple pourrait se produire à Lyon dans les soieries.

employée n'est en réalité que l'équivalent de celle qu'il a reçue.

42. Il faudrait décider ainsi, et par le même motif, si, ayant appliqué la matière fournie à d'autres travaux, cet ouvrier avait dû en acheter lui-même, comme remplacement, une pareille quantité, au même titre, pour confectionner l'ouvrage demandé (1).

TITRE III.

DES PARTIES CONTRACTANTES

43. Nous avons dit qu'elles peuvent être de

(1) Un arrêt rendu par la cour royale de Paris, le 16 avril 1841, a réputé fabricant tout bijoutier qui travaille en chambre avec des outils et ustensiles à lui appartenant, alors même que l'or ou l'argent lui serait fourni par un autre. Cette décision paraît contredire la nôtre, puisque, dans la même hypothèse, le bijoutier n'est à nos yeux qu'un ouvrier. Nous pensons qu'elle a été déterminée par des considérations fiscales tirées de la loi spéciale du 19 brumaire an VII, en vertu de laquelle la régie se prétend fondée à exercer sa surveillance dans tous les ateliers de bijouterie. Elle ne saurait changer ni modifier en rien l'appréciation que nous avons faite du contrat de louage d'après les principes du droit commun. Le jugement de première instance était conforme à notre opinion.

l'un ou l'autre sexe. Un grand nombre de femmes, en effet, sont employées, non pas seulement dans les grandes fabriques de filatures et de tissage, mais dans les ateliers de divers genres d'industrie, et spécialement de bijouterie, de porcelaine, de fleurs, de modes, etc.

Nous recommandons ici l'observation que nous avons faite, n° 34, dans l'intérêt des femmes ouvrières : plus elles sont exposées, par la faiblesse de leur nature, à s'engager légèrement, plus elles réclament d'intérêt et de protection, dans l'appréciation et l'exécution du contrat.

44. Le contrat de louage, de même que tous les contrats synallagmatiques, s'établit légalement entre toutes personnes, pourvu qu'elles soient capables, c'est-à-dire, majeures et jouissant de leurs droits, ou valablement représentées.

45. En principe général, la femme mariée, même séparée de biens, ne peut pas s'obliger sans le consentement de son mari (art. 217 Code civil), à moins qu'elle ne soit marchande publique et qu'il ne s'agisse d'un acte relatif à son commerce. (Art. 4 et 5 du Code de Com.)

46. A l'égard du mineur, il convient de dis-

tinguer s'il est émancipé ou non. Dans le premier cas, il s'oblige légalement pour tous les actes qui n'excèdent pas les limites d'une simple administration. Il est même réputé majeur pour tous les actes de son négoce, quand il a été autorisé à faire le commerce. (Art. 2 et 3 Cod. commerce.) Dans le second cas qui est le plus fréquent, il doit être représenté, en tout contrat, par son tuteur légal, le père, ou à son défaut la mère, ou à défaut de celle-ci, le tuteur qu'a nommé le conseil de famille. (Art. 450 Code civil.)

47. Nous avons maintenu ces règles avec soin pour le contrat d'apprentissage (voir notre *Contrat d'Apprentissage*, nos 13 et 14), parce qu'il comporte des engagements qui sont très-graves en eux-mêmes de la part de l'apprenti, et qu'ils se prolongent ordinairement pendant plusieurs années. Mais le contrat de louage d'ouvrage et d'industrie admet des modifications indispensables, soit par sa nature, soit à raison de la position des parties.

Le louage est essentiellement alimentaire et urgent. L'ouvrier a besoin de travailler chaque jour pour vivre et nourrir sa famille. Le fabricant ou le chef d'industrie, quel qu'il soit, a besoin de faire travailler sans relâche pour soutenir son établissement. D'un autre côté, dans les grandes places manufacturières, et surtout à Paris, où les jeunes ouvriers vivent souvent hors de la maison paternelle, où les femmes mariées n'habitent pas toujours avec leurs maris, où beaucoup de femmes prennent ce titre sans être mariées, il est difficile de connaître les personnes, et par conséquent leur qualité. Tous les ouvriers n'ont pas de livret à cause de l'insuffisance des lois actuelles (voir ci-après nº 240), et ce livret lui-même peut ne pas indiquer le mariage, s'il a été délivré antérieurement. Enfin, le temps manque pour les informations et les formalités; l'engagement est instantané, et presque toujours verbal. (Voir ci-après nº 123.)

Dans cet état de choses, nous pensons qu'il y a lieu de poser une distinction :

48. Si l'engagement se contracte par écrit, (soit, pour un emploi de contre-maître ou pour un ouvrage à façon de quelque importance) les parties doivent se conformer aux principes de la loi.

49. Mais dans le cas le plus ordinaire d'un engagement verbal, la commune renommée

sur l'âge et la qualité de l'ouvrier suffit en général pour valider le contrat; ou bien, le défaut d'assistance du mari, du père ou du tuteur fait présumer son autorisation. Nous ajouterons que tel est l'usage admis dans tous les pays de fabrique (1), et qu'il n'en résulte aucun inconvénient. (V. n° 352.)

50. La loi du 22 mars 1841, dont nous expliquerons les dispositions (n°s 281 et suiv.), semble avoir voulu ramener à l'exécution ponctuelle des règles ordinaires, pour la légalité du contrat; elle a exigé que l'enfant, travaillant dans les manufactures, fût pourvu d'un livret sur la demande de ses père et mère ou tuteur. Il est certain toutefois que, même dans ces établissements, les enfants qui ont des livrets s'engagent le plus souvent sans l'assistance de ceux-ci; et c'est le cas encore de valider leur engagement par les raisons déjà données.

51. Au reste, il y a rarement lésion pour l'ouvrier; et quant au maître, la question n'a

(1) Notamment à Paris, Lyon, Rouen, Mulhouse, Saint-Quentin, etc.; c'est aussi la jurisprudence des Conseils de Prud'hommes établis dans ces places.

guère d'intérêt que pour le payement du salaire dû à l'ouvrier et les cas de responsabilité. (V. ci-après n°s 170, 172, 180 et suiv.) On conçoit que le maître soit facilement disposé à se séparer d'un ouvrier qui ne voudrait plus travailler pour lui, en alléguant qu'il était incapable légalement de contracter. Dès que l'accord ne subsiste plus entre eux, pour un motif quelconque, il est difficile que la bonne exécution du travail n'en soit pas compromise.

52. En toute hypothèse, s'il y a contestation, le juge appréciera les circonstances.

53. Le maître ne serait point admis à exciper de l'incapacité légale de l'ouvrier, parce qu'étant attachée à la personne de l'incapable, nul autre que l'incapable ne saurait en profiter (Art. 1125 C. civ.)

54. Lorsque la femme et les enfants travaillent avec le mari, ce qui a lieu souvent, il est entendu que la convention peut se faire avec lui pour eux tous.

55. Le louage d'ouvrage et d'industrie est un contrat du droit des gens; il intervient valablement entre un Français et un étranger, ou même entre deux étrangers. La France ne refuse sa généreuse hospitalité à personne. Elle

compte plusieurs fabriques considérables exploitées par des étrangers.

56. Un tiers peut se porter fort pour l'une des parties, même pour celle incapable, et il répond de l'exécution du contrat. La solidarité n'existe entre eux au profit de l'autre contractant, qu'autant qu'elle a été formellement stipulée. (Art. 1202 et 2021 C. civ.)

57. Chacune des parties peut contracter valablement le louage par un fondé de pouvoir, bien que le cas soit très-rare.

58. Nous examinerons les conséquences de la nullité de l'engagement, en exposant les droits et obligations qui résultent du contrat. (Nos 350 et suiv.)

TITRE IV.

CONDITIONS GÉNÉRALES ET ESSENTIELLES DU CONTRAT.

59. Ces conditions sont au nombre de cinq :

Le consentement;

Le prix;

L'ouvrage à faire;

La durée de l'engagement;

Le congé de travail.

Les trois premières de ces conditions présentent un caractère remarquable : il faut qu'elles concourent toutes trois pour la perfection du contrat. Si l'une d'elles manque, le contrat de louage n'existe pas.

Nous indiquerons ensuite quelques conditions accidentelles.

60. Consentement. — Nous avons dit, dans le chapitre précédent, quelles sont les personnes qui ont *la capacité* requise pour prêter un consentement; il faut de plus, pour la validité du contrat, qu'elles aient exprimé ce consentement avec liberté et sans fraude : c'est ce qu'enseignent les art. 1109 et suiv. du Code civil dont l'application est peu commune, quant à elles.

Ils portent en substance que l'erreur, le dol et la violence annulent toute espèce de convention. Ainsi, supposons qu'un fabricant d'ébénisterie ait confié un travail de sa fabrique à un ouvrier serrurier qu'il croyait ébéniste, il y aura erreur. Si tel fabricant que ce soit a embauché un ouvrier pour quinze jours, sachant qu'il n'avait pas assez d'ouvrage pour l'occuper plus de trois jours, il y aura dol. S'il l'a contraint, par force, à lui signer un engagement quelconque, il y aura violence.

61. Le consentement, pour être valable, n'a pas toujours besoin d'être donné en termes exprès, il peut être *tacite*, c'est-à-dire résulter de faits constants émanés de celui qui était appelé à l'exprimer (sauf ce qui sera dit n° 127).

62. Nous exposerons plus loin les conséquences qui résultent de la nullité. (V. ci-après n° 350.)

63. Prix. — Il doit être débattu entre les deux parties contractantes et de gré à gré. (Article 1710 Code civil.)

Règle absolue : la loi veut qu'il y ait sur ce point, comme sur les autres conditions du contrat, un accord parfaitement réciproque, soit que le louage ait lieu à temps, ou à la tâche. C'est l'une des conséquences les plus nécessaires du principe qui établit la liberté dans toutes les conventions.

Si, pour la stipulation du prix, d'autres maîtres s'interposent du côté du maître, d'autres ouvriers du côté de l'ouvrier, la volonté des contractants n'est plus vraiment libre, et cette circonstance peut même constituer le délit de coalition. (V. ci-après n° 377.)

64. Par la même raison, nous considérons comme radicalement nulle et inobligatoire, toute convention par laquelle des maîtres s'engageraient à ne pas faire travailler au-dessus de tel prix, ou les ouvriers à ne pas travailler au-dessous de tel prix (1).

65. Lorsque le prix offert par le maître ne convient pas à l'ouvrier, celui-ci doit refuser le travail; réciproquement, lorsque le prix demandé par l'ouvrier ne convient point au maître, ce dernier doit s'abstenir de traiter avec lui.

66. Le prix est quelquefois sous-entendu entre les parties, par exemple, si l'ouvrier consent à travailler dans un atelier où le prix de la journée ou de la pièce d'ouvrage est invariablement établi pour tous les autres ouvriers de même genre. Un règlement intérieur qui règle

(1) Il existe, à Paris, une sorte de convention analogue entre les entrepreneurs de menuiserie et les marchandeurs, sous forme de *tarif* imprimé en 1828. De pareils pactes détruiraient toute concurrence et toute liberté. D'ailleurs, ils ne peuvent jamais réunir l'adhésion de tous les intéressés.

le prix du travail, est affiché dans quelques fabriques (1).

67. La stipulation du prix peut encore dépendre de l'usage admis par les autres ateliers du même état; mais il faut que l'usage soit uniforme et constant. (V. n° 146.)

68. Dans ces cas, le consentement mutuel sur le prix existe, comme tacitement stipulé.

69. Il est rare que les parties s'en remettent, pour la fixation du prix, à l'arbitrage d'un tiers. Rien ne s'y oppose cependant, pourvu qu'il en existe une convention formelle.

70. A défaut de consentement exprès ou tacite, ou d'arbitrage convenu, c'est le juge qui doit fixer le prix, si les parties ne s'entendent pas à l'amiable. Dans la fabrication des papiers peints à Paris, le prix se règle ordinairement après que l'ouvrage a été confectionné par l'ouvrier à façon. En cas de difficulté, le juge statue.

71. Lorsque le prix a été convenu expressément ou tacitement, le juge n'a pas plus le droit de l'abaisser que de l'élever. Il ne lui est permis de prononcer une réduction que par forme de

(1) Voir ci-après, n° 112, la valeur légale de ces règlements.

dommages-intérêts, en cas de perte de temps par l'ouvrier, en cas de malfaçons, ou pour autres causes analogues. (V. ci-après n^{os} et 172 suiv. et 336.)

72. Dans certains cas, des retenues sur le salaire sont imposées par les règlements intérieurs des fabriques : nous en parlerons plus loin, n° 112.

73. Dans le louage à temps, le prix est fixé à tant par jour, ou même par heure, encore que la durée du contrat excède ce temps-là et soit de huit, quinze jours ou plus. Dans le louage à façon, il est fixé à tant la pièce ou la douzaine de pièces, à tant le mètre d'étendue, ou pour toute autre quantité déterminée.

74. Le prix du louage à temps et même celui du louage à la pièce, lorsque la tâche se fait dans l'atelier du fabricant, se paient ordinairement tous les huit jours, quelquefois à la quinzaine ou à la fin du mois, presque partout le samedi (1), et sans quittance.

Pour les autres ouvrages à façon, ils sont

(1) A Paris, dans quelques petits ateliers, la paye a lieu le dimanche : c'est un inconvénient fâcheux, à cause de l'inoccupation du jour et des dérangements qu'elle amène.

payés ordinairement après l'ouvrage fait et reçu. (V. ci-après n° 221.)

75. Il faut établir, comme règle, conforme d'ailleurs à l'usage général, que le prix doit se solder en argent. Le créancier n'est pas tenu de recevoir autre chose que ce qui lui est dû (art. 1243 Code civil); d'un autre côté, la monnaie de l'état est le prix légal et forcé de toutes les transactions.

Le prix peut néanmoins être stipulé en marchandises, en denrées ou en travaux. C'est ainsi qu'en certains pays, quelques cultivateurs conviennent qu'ils paieront leurs ouvriers de moisson en blé ou autres grains (1). A Paris, on voit des maîtres maçons, entrepreneurs de bâtiments, payer en travaux de maçonnerie leurs sous-entrepreneurs de menuiserie, de serrurerie, de peinture, etc.; mais toute stipulation contraire à la règle doit être expresse.

Le payement facultatif en marchandises entraînerait de graves abus. L'exagération possible de leur valeur diminuerait le salaire, et de

(1) C'était aussi l'usage dans les forges de la Haute-Marne et de la Meuse, pour partie du salaire du moins. On donnait encore à l'ouvrier du bois pour son chauffage. Chaque jour, cet usage tend à disparaître.

plus, l'ouvrier qui a besoin d'argent pour vivre serait souvent dans l'impossibilité de les vendre. C'est la réponse que nous venons de transmettre au président du Conseil des Prud'hommes d'Aix-la-Chapelle (provinces rhénanes), qui nous a fait l'honneur de nous consulter sur cette question (1).

76. A Rouen, lorsqu'on paie les ouvriers en pièces de cinq francs, on leur fait presque généralement une retenue de cinq centimes par chaque pièce, et les boulangers, bouchers, épiciers, chez lesquels ils prennent des fournitures de consommation, ont coutume de leur rendre les cinq centimes en échange des mêmes pièces. Cette retenue étant illégale, le Conseil des Prud'hommes la rejette avec raison.

77. Outre le prix de la journée ou de la façon, il est parfois d'usage que les maîtres accordent à l'ouvrier certains avantages. Ainsi, à Paris, les maréchaux-ferrants lui fournissent le coucher, ou à défaut, lui paient une indemnité de 15 à 20 centimes par jour. Dans les campagnes, les cultivateurs lui donnent la

(1) Voir ci-après, n° 116, ce que nous disons sur les *avances*.

soupe le matin, du vin ou du cidre pour sa boisson.

78. Il arrive même que l'ouvrier est entièrement nourri par le maître; mais cette coutume devient plus rare de jour en jour. Elle existe encore à Lyon dans la soierie. Les ouvriers compagnons du chef d'atelier mangent à sa table. Le Conseil des Prud'hommes de cette ville pense que la vie commune et intime contribue puissamment à maintenir la moralité qui distingue leurs ouvriers.

79. Dans quelques industries, le prix de la journée n'est débattu et fixé qu'après une huitaine dite *d'essai*. Cet usage est reçu à Rouen pour les constructeurs mécaniciens, les forgerons, les serruriers, les menuisiers, etc. En cas de difficulté sur le prix du travail pendant la huitaine, elle est réglée par le juge. A Paris, l'usage est de payer à l'ouvrier le prix qu'il réclame, pour le temps d'essai.

80. Si celui qui s'est chargé d'un travail ne recevait aucun prix, ou ne voulait recevoir qu'un prix hors de toute proportion avec la valeur du temps employé ou de l'ouvrage fait, il n'y aurait pas de louage entre lui et la personne qui l'aurait occupé. Le contrat ne serait

qu'un mandat gratuit ou salarié donné par celle-ci, accepté par l'autre, et dont les conséquences moins rigoureuses seraient régies par les articles 1984 et suivants du Code civil. L'exemple de cette hypothèse, fort extraordinaire, serait le cas où un ouvrier tailleur, se chargeant de faire un habit pour un de ses amis qui lui fournit l'étoffe, ne veut rien pour sa façon ou ne consent à accepter que 3 francs, lorsque le prix courant est de 18 ou 20 francs.

81. Un ouvrage a faire.—Si le service promis s'appliquait à la personne du maître, exclusivement, nous avons dit qu'il y aurait contrat de domesticité. (V. ci-dessus nº 18.)

Les hommes de peine employés à la fabrique remplissent quelquefois certains services domestiques ; cette circonstance n'efface pas leur qualité principale d'ouvriers.

82. Il faut que l'ouvrage soit exécutable physiquement, la loi déclarant nulle la convention faite sous des conditions impossibles, (art. 1172 Code civil). Tel serait le cas où un maçon s'engagerait à élever, *par ses mains*, 80 ou 100 mètres de maçonnerie en un seul jour ; mais si l'exécution du travail n'était que difficile pour l'ouvrier et imprudemment entreprise

par lui, la convention de louage vaudrait, parce qu'il aurait voulu en courir le risque.

De même, il n'y a plus d'impossibilité légale lorsqu'il est convenu ou entendu entre les parties que l'ouvrier pourra se faire aider par d'autres ouvriers dans l'exécution du travail. (V. ci-après n° 147.)

83. Le travail ne doit pas être défendu par la loi (art. 1172 Code civil), comme la confection d'armes dangereuses et prohibées, la fabrication de poisons, etc.

84. Il ne doit pas être contraire aux bonnes mœurs (même article) : par exemple, s'il s'agit d'imprimer des gravures obscènes.

Dans ces trois cas, il y a tort respectif, et nous verrons que la nullité du louage ne saurait entraîner de dommages-intérêts de part ni d'autre (voir ci-après n°s 350 et suiv.), sans préjudice du droit des tiers qui auraient été lésés.

85. Durée. — Elle varie selon les localités, la nature du travail ou de la pièce d'ouvrage, et l'espèce du contrat.

86. 1° Dans le contrat de louage à temps ou à la journée, sa durée est fixée ou par les parties, ou d'après l'usage des lieux et du genre d'in-

dustrie. Sur ce point, les variations sont infinies.

87. Selon l'usage le plus général des fabriques et ateliers, le temps de l'engagement est celui qui s'écoule d'une paye à l'autre, c'est-à-dire de huitaine, notamment à Paris, Rouen, Mulhouse. Il y a dans ces villes des engagements à la journée seulement, ou à la quinzaine, rarement au mois.

L'engagement n'est pas moins obligatoire pour la journée, bien que le prix s'en paie à tant par heure de travail, comme chez les ingénieurs mécaniciens, à Paris. Cette division du temps n'est admise que pour la fixation du prix. Même observation pour l'engagement à quinzaine ou au mois, bien que le salaire se paie à chaque huitaine ou quinzaine.

L'engagement des contre-maîtres de fabriques est de un mois au moins; par exemple, dans les filatures de Mulhouse (1); plus ordinairement il est stipulé pour un an (2), quelquefois pour deux et trois ans. Dans ce dernier cas, il faut un acte exprès. (V. n° 96.)

(1) Aussi à Limoges, à Carcassonne.

(2) Lyon, Saint-Quentin, Roubaix, Troyes, Nanci, etc.

88. Dans les travaux extérieurs de l'agriculture, les ouvriers à temps qui travaillent aux champs, à l'étendage des fumiers, à l'épierrage, à l'arrachage des chardons, etc., sont engagés par jour, ou pour un temps de travail déterminé, la moisson, les vendanges. Il en est autrement des charretiers, bergers, garçons de cour, qui, assimilés à des domestiques, se louent pour l'année, ou pour une portion de l'année. Les termes ordinaires sont la Saint-Jean et la Saint-Martin, dans les environs de Paris. Le chef de culture, ou contre-maître, est engagé pour l'année. (V. ci-dessus, n° 27.)

88 *bis*. Dans les mines, les journaliers sont engagés au mois. Les ouvriers à la tâche sont payés, suivant les localités et le mode d'exploitation, à tant le mètre linéaire ou d'*avancement*, comme dans le nord de la France et en Belgique; ou à tant le mètre cube, comme à Saint-Etienne et lieux voisins.

89. Il est constant, au reste, que les parties sont parfaitement libres de réduire ou d'augmenter, d'un commun accord, le temps ordinaire de l'engagement.

90. 2° Dans le louage à façon, le temps de l'engagement n'a pas de durée fixe; il s'évalue

à raison de la pièce ou de la quantité d'ouvrage entreprise par douzaine, par grosse, par mètre, ou tant de kilogrammes, etc. On conçoit aussi qu'il doit dépendre du plus ou moins d'habileté de l'ouvrier.

91. Cependant les parties conviennent ordinairement, et l'usage a consacré cette convention dans beaucoup de localités, d'un délai limité pour la confection de l'ouvrage donné à tâche. Autrement, celui qui emploie l'ouvrier serait à sa merci ; il pourrait manquer la vente de ses produits, et souffrir du retard un préjudice quelconque. A Rouen, l'ouvrier plus habile reçoit même une prime que le fabricant est intéressé à donner pour obtenir une plus grande production.

92. Lorsque les parties sont convenues qu'en cas de retard l'ouvrier subira une retenue fixe sur son salaire, cette retenue peut être exigée (art. 1152). Mais si le retard est peu considérable (1), l'exigence de la retenue, du moins en totalité, deviendrait trop rigoureuse. L'article 1231 et le principe d'équité modifient

(1) Voir ci-après, n° 160, quel est le temps de la journée.

l'application de la clause pénale : c'est la jurisprudence du Conseil de Rouen.

93. La nature de l'ouvrage, l'usage des lieux ou le genre d'industrie règlent le délai dans le silence de la convention.

Ainsi à Rouen, dans les filatures et les tissages mécaniques, une certaine quantité de fil ou de coupes d'étoffes (1) doit être livrée en huit ou quinze jours.

A Paris, il n'y a pas de délai fixe, à moins de convention contraire.

94. A plus forte raison doit-on admettre des tempéraments équitables sur le délai, en l'absence d'une convention expresse.

95. Il est incontestable que l'engagement subsiste dans toute sa vertu obligatoire, tant que l'ouvrage n'a pas été confectionné et livré.

96. 3° Quant à la durée du contrat à temps ou à façon, il est un principe absolu qui s'applique à toutes les industries ; la loi du 22 germinal an XI déclare, art. 15 : « L'engagement » d'un ouvrier ne pourra excéder un *an*, à » moins qu'il ne soit contre-maître, conducteur » des autres ouvriers, ou qu'il n'ait un trai-

(1) La coupe forme la moitié de la pièce ; elle est de 80 mètres.

» tement et des conditions stipulées *par un acte* » *exprès.* »

L'art. 1780 du Code civil dispose : « On ne » peut engager ses services qu'à temps, ou » pour une entreprise déterminée. »

Nous pensons que le Code ne déroge point à la loi du 22 germinal, qui limite à un an l'engagement purement verbal contracté par l'ouvrier. Cette présomption légale est d'une évidente sagesse en ce qu'elle tend à prévenir toutes discussions sur le terme.

97. Il résulte de la disposition du Code une conséquence encore plus grave; c'est qu'il n'est permis ni à l'ouvrier, ni au contre-maître, ni au chef-conducteur d'ouvriers, de contracter, même par écrit, un engagement perpétuel, ou plutôt à vie. Cette prohibition est fondée sur le principe d'ordre public, d'après lequel nul n'a le droit d'aliéner la liberté de sa personne (1).

98. Elle s'applique au louage à façon, comme au louage à temps; le Code entend,

(1) « Tout homme peut engager son temps et ses services. Mais » il ne peut se vendre ni être vendu; sa personne n'est pas une » propriété aliénable. » *Déclaration des Droits*, art. 15.

par *une entreprise déterminée*, non pas simplement un ouvrage dont l'objet est indiqué par sa nature, tel que la construction d'une maison ou d'une machine à vapeur, mais un ouvrage dont le temps d'exécution peut être prévu et calculé. Nous indiquerons, pour exemple d'un louage à façon défendu, le cas où l'ouvrage entrepris devrait excéder l'existence de l'ouvrier, tel que la construction d'un monument ou d'une machine gigantesque, qu'un maçon ou un mécanicien s'obligerait à exécuter de ses propres mains.

99. La nullité d'une stipulation, faite contrairement à la loi dans les deux hypothèses, est absolue, suivant nous, et peut être invoquée par les deux parties, sans dommages-intérêts de part ni d'autre.

100. Congé. — Cest l'avertissement réciproque de la cessation du travail, condition nécessaire au maître, pour qu'il soit à portée de trouver un autre ouvrier; à celui-ci, pour qu'il puisse se procurer du travail ailleurs.

Dans le louage à temps, lorsque l'engagement est de huit jours au moins, un usage presque général veut que celle des parties qui entend se séparer de l'autre, la prévienne huit jours francs à l'avance (1). Si l'engagement a été convenu pour un temps plus long, le délai-congé est ordinairement égal à cette période de temps (2); à Paris, il est reçu que huit jours suffisent.

101. Si l'ouvrier est entré au milieu de la semaine, son engagement de huitaine se trouve augmenté de la fraction de jours qu'il a faite avant le congé. Autrement, la huitaine de congé ne serait pas entière.

102. Il arrive rarement à Paris, dans les forts ateliers, que le chef d'établissement exige de l'ouvrier la huitaine de congé. Il consent presque toujours à le laisser partir de suite, afin de prévenir les conflits, les malfaçons et les désagréments de tous genres qui résultent d'une rupture déclarée.

103. C'est le jour de la paye, le samedi (V. ci-dessus n° 74), que le congé doit être donné de part et d'autre, pour la paye suivante.

104. Dans le louage à façon, le congé n'est pas en général nécessaire, l'engagement finit

(1) A Paris, Lyon, Rouen, Mulhouse, etc.

(2) A Nanci, Saint-Quentin, Reims.

avec la tâche. Néanmoins, quelques genres de fabriques admettent également la nécessité d'un avertissement réciproque donné à l'avance et d'après le même principe.

Ainsi, à Rouen, pour les fabriques de tissus, le tisserand, chargé de confectionner à façon une pièce d'étoffe, n'est pas tenu de donner congé après sa première pièce d'ouvrage, qui est considérée comme essai ; mais s'il continue de travailler pour le fabricant, après sa première pièce terminée, il est obligé, pour le quitter plus tard, de fabriquer une pièce de tissage qu'on appelle *la chaîne de congé*. Cette condition du congé est réciproque.

A Roubaix, dans le tissage, le congé se donne après la première coupe de la chaîne en pièce ; à Limoges, après une chaîne de 120 mètres.

Lorsque l'ouvrier travaille aux pièces dans l'atelier, le congé est à huitaine pour Paris, à huitaine, quinzaine, ou même au mois pour d'autres villes (1).

A Carcassonne, le congé mutuel n'est exigé ni pour l'un ni pour l'autre louage. De même,

(1) Reims, Saint-Quentin, Limoges, Roubaix.

dans les mines du Nord, la séparation des parties peut avoir lieu, de droit, à la fin de l'engagement.

105. Le congé a lieu verbalement dans les deux cas, et partout.

106. A défaut de congé, il s'opère entre les parties un renouvellement du contrat pour le temps ou la quantité d'ouvrage primitivement convenu : c'est ce qu'on appelle, en droit, la *tacite* reconduction.

Si une pièce est reprise, avant l'achèvement de celle du congé, la tacite reconduction a lieu malgré le congé donné. L'ouvrier doit finir la pièce de congé et en faire une autre (Jurisprud. du Conseil des Prud'hommes de Saint-Quentin.)

107. Il n'y a pas lieu à congé ni à tacite reconduction, si l'ouvrage porte sur un objet isolé et limité.

108. Dans tous les cas, et sauf la même exception, l'ouvrier à façon est tenu d'achever l'ouvrage entrepris, sous peine de dommages-intérêts.

109. Il importe de faire observer, que le congé n'est nécessaire qu'autant que celui qui veut se séparer, n'aurait pas de motif légitime

pour faire résilier immédiatement le contrat. (V. ci-après n° 335.) — Jurisprudence du Conseil des Prud'hommes de Lyon et de Rouen.

110. Le livret, déposé par l'ouvrier, ne lui est remis qu'après l'accomplissement de l'engagement. (V. ci-après n° 240.)

111. Conditions accidentelles. — Nous comprendrons, sous ce mot, diverses stipulations expresses ou sous-entendues, qui peuvent se rattacher à l'exécution du contrat.

112. 1° *Règlement intérieur*. — Nous avons dit que quelques fabricants adoptent un règlement intérieur, et le font afficher dans leurs ateliers. Cet usage existe à Paris, à Rouen, et dans beaucoup d'autres villes ou fabriques isolées. Nous ne parlons pas des règlements intérieurs que l'article 9 de la loi du 22 mars 1841, sur le travail des enfants, oblige les chefs d'établissements à faire, pour assurer l'exécution de ceux d'administration publique qu'elle a autorisés par son article 7 (v. ci-après n° 281); la loi ne peut être encore exécutée en ce point, puisque les règlements d'administration publique n'ont pas été décrétés. Ces règlements intérieurs se renfermeront d'ailleurs dans l'objet de la loi relative aux enfants spécialement. Il

s'agit ici de règlements qui ont une application plus étendue, qui concernent tous les ouvriers, et tendent à régir l'exécution du contrat. Nous en avons examiné un assez grand nombre, et nous croyons qu'il n'est ni possible ni utile d'en rapporter les dispositions. Il nous suffit de dire qu'ils varient selon la nature de l'industrie et la convenance du fabricant, qu'ils n'établissent en général que des prescriptions justes, et qu'ils s'accordent pour déterminer la tenue et l'ordre de l'atelier, les heures et le mode de travail, les pénalités imposées aux ouvriers contrevenants en argent et sous forme d'*amendes*. Nous ajouterons qu'ils sont presque toujours déposés au Conseil des Prud'hommes, s'il en existe un dans la localité.

En principe de droit strict, nous ne pensons pas que de tels règlements puissent être réputés, d'une manière absolue, former la loi des parties, sur les contestations qui viennent à naître entre elles; car, il serait quelquefois injuste de décider que des ouvriers qui ne savent pas lire, pour la plupart, ont dû connaître, et surtout apprécier les dispositions d'un pareil programme, si simples et si clairs qu'en soient les termes. Comment, d'ailleurs, appliquer, sur la lettre d'un règlement, des amendes qui peuvent se renouveler fréquemment, et sont toujours lourdes pour l'ouvrier? Mais nous dirons qu'aux yeux du juge, ces règlements sont un document important et précieux à consulter, comme élément de décision ; alors surtout que l'ouvrier a travaillé quelque temps dans la fabrique, et doit être présumé en avoir connu les usages : c'est la jurisprudence du Conseil des Prud'hommes de Rouen. Dans d'autres villes (1) on tient les règlements pour obligatoires, s'ils ont été déposés au secrétariat des prud'hommes, et s'ils ne contiennent aucune clause qui soit contraire à la loi.

113. Au surplus, l'utilité de ces règlements est incontestable; ils avertissent, et l'on peut même dire, à l'éloge des ouvriers, qu'ils les observent généralement avec exactitude.

Il convient de faire remarquer aussi que, presque partout, les amendes ne profitent pas au fabricant (2); elles entrent dans une masse

(1) A Mulhouse, Saint-Quentin, Reims, Nanci, Limoges, Roubaix.

(2) Qui éprouve pourtant un préjudice réel par l'effet de l'absence

commune que celui-ci emploie soit à soutenir les ouvriers malades, soit à instruire les ouvriers enfants. Quelques règlements le déclarent en termes exprès (1).

113 *bis*. Il existe, pour certaines fabrications importantes et surchargées de détails, des règlements qui prennent un caractère de généralité et constituent l'usage constant de la place : tel est, à Lyon, le règlement pour la soierie; à Nanci, celui pour la broderie. Ceux-ci font loi, incontestablement, pour tous les maîtres et ouvriers de la fabrique. (V. ci-après n° 146.)

114. 2° *Arrhes*. — L'art. 1590 du Code civil, qui régit la promesse de vente avec arrhes, ne saurait être étendu à la promesse de louage d'ouvrage et d'industrie, à moins d'une stipulation formelle. Si cette stipulation est licite, la coutume la plus générale ne l'admet pas (2), bien que nous ayons connu, à Paris, l'exemple

d'une partie de ses ouvriers, étant obligé de supporter les mêmes frais d'atelier, malgré la réduction du nombre.

(1) Les amendes pour absence sont toujours inférieures au prix du salaire journalier.

(2) Elle existe encore dans les forges et hauts-fourneaux de la Haute-Marne et de la Meuse, mais elle y diminue chaque jour. Quelques ouvriers y reçoivent, à titre d'arrhes, une somme d'argent dite les *vins d'engagement*.

récent d'arrhes qui ont été offertes à un entrepreneur de charpente par des ouvriers charpentiers.

115. L'usage du *denier à Dieu* n'est reçu que pour les domestiques.

116. Il ne faut pas confondre avec les arrhes les avances que, très-souvent, le fabricant fait à l'ouvrier, avant même que l'ouvrage soit commencé, car elles s'imputent plus tard sur le salaire ou le prix de façon. Si ces avances peuvent avoir quelques inconvénients, en plaçant l'ouvrier jusqu'à un certain point dans la dépendance du maître, elles sont bien plus profitables, puisqu'elles viennent au secours de l'ouvrier et de sa famille.

117. 3° *Dédit.* — Il n'est pas non plus interdit aux parties de convenir d'*un dédit*, c'est-à-dire du payement d'une somme d'argent dans le cas où l'une d'elles voudrait s'affranchir de l'exécution du contrat. Cette stipulation équivaut à la clause pénale prévue par l'art. 1231 du Code civil, et la peine peut être modifiée par le juge, lorsque l'obligation a été exécutée en partie, à moins que les contactants n'aient expressément stipulé le contraire (art. 1152). Le dédit est lui-même inusité dans le louage d'ou-

vrage, si ce n'est pour les marchandages, où il a beaucoup d'importance, à l'égard du maître qui peut être tenu lui-même de livrer l'ouvrage dans un temps fixe, à peine de dommages-intérêts.

118. Les dommages-intérêts, payés par l'ouvrier pour retard ou malfaçon dans la confection et qui, d'après la convention, s'opèrent au moyen d'une retenue sur le salaire, sont une espèce de dédit.

119. Il existe, à Lyon, dans la fabrique de soieries, un usage qui s'en rapproche encore plus. Lorsqu'après l'engagement conclu, le maître ne remet pas le métier à l'ouvrier, ou que ce dernier le refuse, l'inexécutant paye à l'autre une huitaine de travail ou le salaire de six jours, à titre d'indemnité.

120. Nous développerons les conséquences des conditions générales et accidentelles du contrat, en expliquant les droits et obligations qui en résultent. (V. n°s 142 et suivants.)

TITRE V.

PREUVE DU CONTRAT.

---

121. Comme les contrats de vente, d'échange et d'apprentissage, le louage d'ouvrage et d'industrie n'est soumis à aucune formalité sacramentelle.

122. Il peut avoir lieu par écrit, devant un notaire, ou par acte sous seing privé.

123. Mais il se conclut presque toujours verbalement. Cet usage était commandé par la bonne foi ordinaire des contractants, la rapidité qu'exigent les travaux industriels, leur courte durée, leur modicité relative (1).

124. La remise du livret, faite par l'ouvrier dans les mains du fabricant, est une preuve de

(1) Dans plusieurs localités, on embauche certains ouvriers en un lieu accoutumé, tous les jours, ou à un jour donné; par exemple, à Paris, les maçons et terrassiers, sur la place de Grève; les peintres en bâtiments, sur la place du Châtelet, etc. En Normandie, le même usage existe : on y appelle *louées* ces réunions de personnes.

l'existence du louage, à moins de preuve contraire.

125. Lorsqu'un acte est dressé pour le louage, il doit être porté sur papier timbré, à peine d'amende.

126. Le droit d'enregistrement n'a pas été tarifé par la loi du 22 frimaire an VII, ni par aucune autre postérieure. Cependant la régie perçoit, sur le louage à temps, le droit proportionnel de 1 franc par 100 francs, et sur le louage à façon, le même droit de 2 francs par 100 francs, à raison du prix stipulé.

127. A défaut d'acte écrit, le louage d'ouvrage et d'industrie peut être prouvé par témoins, pourvu que l'objet du contrat n'excède pas la somme de 150 fr. (art. 1341 C. civ.), ou qu'il existe un commencement de preuve par écrit. (Art. 1347.) L'article 1715, qui défend de prouver par témoins le bail ou louage *des choses*, ne s'applique point au louage d'ouvrage et d'industrie.

Pour apprécier la somme formant l'objet du louage, il faut réunir tout ce qui sera dû à l'ouvrier pendant la durée du contrat, bien que le payement ait lieu par parties ou termes, à des échéances diverses.

128. Nous pensons que la preuve testimoniale serait admissible en faveur de l'ouvrier, quoique la somme dépassât 150 francs, s'il s'agissait d'un louage contracté par lui soit à façon, soit à temps, avec un fabricant ou un commerçant pour le besoin de sa fabrique ou de son commerce. En effet, il y aurait acte commercial de la part de ce dernier. La preuve testimoniale serait pareillement reçue, contre l'ouvrier, s'il employait à la confection de l'ouvrage des ouvriers engagés et payés par lui; il ferait lui-même acte de commerce. (Art. 1341 Code civ., 632 et suiv. Code com.)

A l'égard de l'ouvrier qui, travaillant par ses mains, ne fournit que son temps ou sa façon, comme le louage ne constitue pas un acte de commerce de sa part, il faut, pour la preuve à faire contre lui, revenir à la règle de l'article 1341 du Code civil.

Si la preuve est non recevable en première instance devant les Prud'hommes, elle ne pourra pas être admise, sur l'appel devant le tribunal de commerce, parce que l'affaire ne change point de nature en passant au second dégré de juridiction.

129. Lorsque la preuve par témoins est ad-

missible sur l'existence ou les conditions du louage, le juge est en droit de la suppléer par des présomptions graves, précises et concordantes (art 1353), lesquelles se tirent de la cause et notamment des usages de la localité ou de la fabrique dont il s'agit.

130. L'existence du louage étant reconnue ou prouvée (et alors seulement), si la qualité ou le payement du prix se trouve contesté, on doit appliquer au louage à temps l'art. 1781, ainsi conçu : « Le maître est cru sur son affirmation pour la quotité des gages, pour le payement du salaire de l'année échue, et pour les à-comptes donnés pour l'année courante. » Cet article est placé sous la rubrique intitulée des domestiques *et ouvriers*.

L'affirmation du maître est accompagnée de son serment. (Art. 1358 et 1360.)

131. La loi, admettant l'affirmation pour une année entière de salaire, l'admet à plus forte raison pour une partie de l'année.

132. Lorsque le louage a été fait à la journée et que, par exemple, sur 10 jours réclamés par l'ouvrier, le maître n'en reconnaît que huit, nous pensons qu'il ne doit point en être cru sur son affirmation.

133. L'affirmation peut aussi porter sur des avances qui ont été faites avec imputation comme à-compte sur le salaire, car elles sont dans ce cas un payement véritable.

134. Le contre-maître, le chef ou maître-ouvrier se trouvent compris dans la disposition de l'art. 1781, parce qu'ils sont eux-mêmes des ouvriers engagés à temps.

135. Il importe de faire remarquer que, si le maître consent à l'admission de la preuve offerte par l'ouvrier sur la quotité du salaire ou le non payement, il se rend non recevable à user de l'exercice de son droit d'affirmation.

136. Au reste, le fabricant régulier qui tient à sa considération, n'usera qu'avec réserve de ce moyen extrême, parce qu'il en a rarement besoin. Si, dans l'usage, les ouvriers ne lui donnent pas une quittance en recevant leur salaire, il est toujours à portée de prouver le payement par des livres bien tenus.

Avant de lui déférer le serment, le juge ne manquera pas de vérifier ces livres, dont on ne peut pas lui refuser la représentation; il entendra les parties, et echerchera tous les renseignements propres à éclairer sa conscience (1). Il déniera l'affirmation au maître de mauvaise foi.

137. Si l'ouvrier prétend avoir apporté des effets chez le maître où il couchait, ou des outils dans son atelier, et qu'il offre de le prouver, nous ne pensons pas que celui-ci puisse être cru dans sa dénégation avec serment. Ce n'est pas le cas de l'art. 1781, et l'on ne saurait en étendre l'application.

138. Le droit d'affirmation ne passe point à l'héritier du maître, encore que cet héritier allégue avoir assisté à la convention de louage ou au payement du prix. Il sagit ici d'un fait personnel au maître.

Il faudrait décider autrement, si l'héritier était associé à la fabrique.

139. L'art. 1781 n'est point applicable au louage à façon; ses termes le démontrent assez. D'ailleurs, les ouvriers à façon sont désignés par le Code sous la dénomination *d'entrepreneurs d'ouvrages*, et régis par les articles 1787 et suivants qui ne reproduisent plus, à leur

(1) Les petits fabricants ont la mauvaise habitude de se borner à tenir des feuilles volantes, et souvent ils déclarent qu'ils les ont perdues.

égard, la disposition de l'article 1781. Une disposition aussi rigoureuse ne peut être étendue, bien que l'ouvrier travaillant à la pièce dans le même atelier que l'ouvrier à la journée diffère peu de celui-ci, ainsi que nous l'expliquerons plus loin (nº 186). La difficulté sur la quotité et le payement du prix doit donc se décider, entre le maître et l'ouvrier à façon, d'après les règles et les preuves ordinaires.

140. La restitution du livret à l'ouvrier peut être un indice de la fin du contrat; la preuve de la libération de l'ouvrier ne résulte que du congé d'acquit signé par le maître sur le livret. (V. ci-après, nº 245.)

141. Sur toutes les questions, qui touchent à la preuve du contrat de louage, la loi autorise le juge à déférer d'office le serment à l'une des parties, soit au maître, soit à l'ouvrier, pour en faire dépendre la décision de la cause; deux conditions sont nécessaires cependant : 1° que la demande ou l'exception ne soit pas pleinement justifiée; 2° qu'elle ne soit pas totalement dénuée de preuves. (Art. 1366 et 1367 C. civ.)

TITRE VI.

DROITS ET OBLIGATIONS DES CONTRACTANTS

142. Le contrat de louage étant presque toujours verbal, il importe de préciser d'autant mieux les droits et obligations qui appartiennent à l'ouvrier vis-à-vis de celui qui l'emploie, et réciproquement.

Voici, d'abord, quelques observations générales propres à éclairer l'interprétation et l'application du contrat :

143. 1° La loi du 22 germinal an x, porte, art. 14 : « Les conventions faites de bonne foi » entre les ouvriers et ceux qui les emploient, » seront exécutées. » Ce principe, qui gouverne toutes les conventions (art. 1134 Code civil), parce qu'il est fondé sur la raison et l'équité, devait être la base fondamentale du contrat du louage d'ouvrage et d'industrie, soit que le contrat ait lieu verbalement ou par écrit.

144. 2° On suit dans les deux cas, pour l'in-

terprétation des conventions arrêtées, les règles établies par les art. 1156 et suiv. du Code civil que nous avons transcrites dans notre contrat d'apprentissage, page 36.

De toutes ces règles, la première à consulter c'est l'équité.

Dans le doute, la balance doit pencher du côté de l'ouvrier, homme ou femme, parce que l'équité protége le plus faible.

Nous rappelons encore les raisons plus particulières de tempéraments et de faveur qui militent au profit des femmes ouvrières, et nous les appliquerons aux enfants ouvriers d'après le même principe.

145. 3° Toutes ces considérations, qui rentrent dans l'esprit de la loi, seront pesées par les parties dans l'exécution du contrat; par le juge, dans l'appréciation de leurs différends : la justice des Prud'hommes est une justice d'équité. (V. notre *Compétence,* p. 10.)

146. 4° Nous avons déjà parlé de l'usage qui fait loi (art. 1160), et nous reviendrons souvent à ce principe important dans la matière du louage d'ouvrage : ajoutons que l'usage n'a cette puissance légale qu'autant qu'il est constant et uniforme dans la localité.

147. 5° Dans la règle générale, on présume que le louage se conclut de la part du maître, en considération de la personne et du talent de l'ouvrier ; c'est ce que nous expliquerons plus loin n° 326, en parlant du cas de résolution par l'effet de sa mort. Il suit de là qu'à moins d'une stipulation contraire, l'ouvrier n'a pas le droit de sous-bailler, c'est-à-dire de céder à un autre ouvrier l'exécution du contrat, sans le consentement du maître.

Il n'y aurait d'exception possible que dans les cas très-rares où, visiblement, le mérite personnel de l'ouvrier contractant n'aurait pas déterminé la formation du contrat.

148. 6° Les droits et obligations dont nous allons nous occuper, regardent les parties entre elles ; bien entendu, ils ne font pas préjudice aux obligations qu'elles peuvent contracter au profit des tiers, par suite de l'exécution du contrat.

149. Pour définir les droits et obligations de chacun des contractants, sans confusion ni répétition, il convient de reprendre, sous deux sections séparées, la distinction déjà faite par nous entre le louage à temps et le louage à façon.

Nous expliquerons, dans une troisième section, les obligations spéciales qui concernent certains ouvriers et ceux qui les emploient.

SECTION PREMIÈRE.

DROITS ET OBLIGATIONS DES CONTRACTANTS A TEMPS.

150. Les principes qui régissent cette partie du louage sont fort simples.

151. Soit qu'il travaille au dehors ou dans un atelier, seul ou avec d'autres, l'ouvrier employé *à temps,* c'est-à-dire à la journée, à la huitaine, à la quinzaine, au mois, etc., a des obligations de plusieurs espèces à remplir vis-à-vis de celui qui l'emploie.

En consentant à travailler pour lui, l'ouvrier a promis d'exécuter, avec une juste déférence, ses instructions et ses ordres. Le respect n'est pas de la servilité.

Nous verrons que c'est la loi elle-même qui prescrit la discipline dans l'atelier (ci-après n° 361), et qu'elle la prescrit dans l'intérêt des ouvriers laborieux et paisibles, autant que dans l'intérêt de celui-ci.

En recevant le prix de son travail, l'ouvrier s'oblige à consacrer en échange, et conscien-

7

cieusement, tout son temps et toute son application à l'exécution de l'ouvrage qui lui est commandé.

Nous n'admettons pas, avec un savant économiste (1), que l'homme de journée puisse être indifférent au résultat de son travail. L'ouvrier à la journée n'est pas dépourvu de la faculté de penser, et, pour l'homme, l'idée agrandit toute espèce de travail. L'amour-propre porte aussi l'ouvrier à bien faire. Et ne sait-il pas que la continuation et le fruit de ses travaux dépendent du soin qu'il voudra y consacrer !

153. De son côté, celui qui emploie l'ouvrier, lui doit égards et ménagements dans la transmission des ordres, justice et ponctualité dans le payement du prix convenu. Ces obligations ne sont que la réciprocité de celles imposées à l'ouvrier, le retour naturel de ce que celui-ci apporte dans l'exécution de leur traité.

154. Si l'ouvrier et le maître comprennent ces vérités, qui sont d'instinct bien plus que de droit, il est impossible que l'exécution du contrat ne soit pas satisfaisante.

(1) De Sismondi, *Études sur l'Économie politique*, tome 1er, p. 243.

Pour bien conduire un atelier, quelque considérable qu'il soit, tout le secret du chef d'établissement consiste à être juste envers ses ouvriers, à se faire respecter par eux.

155. Dans les ateliers où il y a un contre-maître, l'absence du chef d'établissement n'affaiblit pas les obligations de l'ouvrier : nous avons dit que le contre-maître exerce les droits que celui-là lui a délégués, de même qu'il doit en remplir les devoirs, au moins dans une certaine mesure. (V. nº 23.) Il se présente, en effet, des cas graves, par exemple, des infractions à punir sévèrement; il convient alors que le contre-maître en réfère au fabricant lui-même: c'est la règle de tous les établissements bien organisés.

156. L'application de nos principes, sur les obligations et droits respectifs, exige d'ailleurs quelques autres développements.

157. Nature du travail. — On ne peut demander à l'ouvrier que l'espèce de travail pour lequel il s'est engagé. La déférence qui lui est commandée pour les ordres du maître, ne donne pas à celui-ci le droit de le forcer à sortir de sa fonction ou de son aptitude : ainsi, dans certains ateliers, l'ouvrier qui s'est engagé

pour le travail de la fabrique, peut se refuser aux travaux industriels qui regardent les hommes de peine employés dans le même atelier; par exemple, au chauffage des poêles, au nettoyage des lampes, etc. Le compagnon maçon peut ne pas consentir à faire l'office de garçon maçon. Une femme ouvrière n'est pas tenue d'exécuter un travail qui exige les forces d'un homme.

158. Mais aussi ces refus doivent se renfermer dans des limites raisonnables; l'engagement s'applique à tout ce qui est usité et accessoire dans l'état ou dans l'atelier. Partout, c'est l'ouvrier qui nettoie son établi et ses outils. Quelquefois, s'il n'y a ni homme de peine, ni apprenti dans l'atelier, il est convenu que l'ouvrier le rangera.

159. Discipline de l'atelier. — Dans beaucoup de fabriques, il est défendu aux ouvriers de quitter l'atelier pendant les heures de travail, d'y introduire qui que ce soit, d'y prendre leurs repas, d'y faire entrer du vin ou de l'eau-de-vie, de chanter, de causer, de se réunir à plusieurs sans motif de travail, surtout de fumer, lorsqu'il y a danger d'incendie.

Ces défenses indispensables au maintien de

l'ordre, et par conséquent à la bonne exécution du travail, sont faites aux ouvriers verbalement ou par le règlement intérieur, sous peine d'amendes ou de renvoi de l'atelier, et elles deviennent obligatoires pour eux, dès qu'ils les ont acceptées.

160. Si le règlement affiché ne suffit pas, à lui seul, pour prouver le fait d'acceptation (V. ci-dessus nº 112), ou si l'infraction est excusable, le juge statue en cas de difficulté.

161. Temps du travail. — Il s'étend à la journée entière, non compris la fraction consacrée aux repas et au repos : mais il varie selon les localités, les genres d'état, les saisons. Nous ne signalerons pas toutes ces différences, parce qu'elles sont infinies. Il nous suffit de présenter à cet égard les notions principales.

162. Dans les grands ateliers, on compte douze heures de travail (1), rarement treize ou quatorze (2), non compris les repas. A Paris et à Rouen, on ne prend que deux repas ; dans les provinces plus éloignées, il y en a trois (3).

(1) A Paris, Rouen, Mulhouse, Reims, Châlons-sur-Marne.

(2) Saint-Quentin, Nanci, Carcassonne, Lyon.

(3) Lyon, Saint-Quentin, Nanci, Roubaix.

En hiver, où le travail commence plus tard, les journées sont ordinairement plus courtes, bien que l'on fasse des *veillées*, en travaillant jusqu'à huit, neuf et même dix heures du soir. A ce moment aussi, le temps du déjeuner et du goûter est réduit à une demi-heure. Soit en hiver, soit en été, l'heure des repas varie selon la convenance du chef de fabrique. En général, elle se donne, à Paris et à Rouen, de neuf à dix heures du matin pour le déjeuner, et de deux à trois de l'après-midi pour le dîner (1). A Paris, quelques ateliers, ne comptent que onze heures de travail pour la journée.

163. A Paris, dans beaucoup de fabriques métallurgiques, le temps du travail se paie à l'heure. Cet usage qui tend à se répandre prévient les difficultés sur l'emploi exact du temps. Le chef de la fabrique tient un registre spécial où se porte, à chaque moment de la journée, le compte des heures dues à l'ouvrier; et le soir, à la sortie de l'atelier, celui-ci a le droit de contrôler le registre.

164. On comprend que les parties sont toujours libres d'augmenter le temps légal de la

(1) Dans certains ateliers, de quatre à cinq heures.

journée. Dans quelques ateliers à Paris et à Rouen, lorsque la fabrication presse, si l'ouvrier consent à travailler deux heurs de plus, le fabricant lui en paie trois : ce qui s'appelle faire un *quart*.

165. Il n'est pas d'usage qu'un moment de retard dans l'arrivée entraîne une retenue de salaire pour l'ouvrier; ordinairement, il lui est accordé dix minutes à chacune des trois rentrées.

166. Prix du travail. — Nous avons expliqué nº 63 comment ce prix est débattu et réglé; nous avons vu nº 130 comment le maître en est cru sur son affirmation, quant à la quotité et au payement; nous dirons plus loin que le salaire dû à l'ouvrier est soumis à la prescription. (V. ci-après nº 366.) En présence de ces dispositions conformes au droit de tous les temps, il importe à l'ouvrier de faire fixer son salaire avec certitude et d'en réclamer le payement au jour convenu. Le doute et les retards ne peuvent tourner qu'à son détriment.

167. Si l'empêchement de travail provient du fait du maître, la journée est due à l'ouvrier.

168. Mais un empêchement fortuit ou de

force majeure causé par la pluie, par exemple, si le travail a lieu en plein air, tombe à la charge de l'ouvrier, comme dans les grands travaux de terrassement ou dans l'agriculture. L'ouvrier ne saurait réclamer le prix d'un travail qu'il n'a pas exécuté par une cause indépendante de la volonté du chef d'établissement. Quelques instants perdus ne doivent pas être déduits.

169. Nous rappelons que le prix est dû en argent et non en marchandises ni denrées (V. ci-dessus n° 75), comptant et non à terme; à moins que, sur chacun de ces points, il n'existe une convention contraire et expresse.

170. Nous ajouterons que le payement du salaire se fait à l'ouvrier qui a travaillé, directement ou à son mandataire, même à la femme mariée ou à l'enfant, à moins qu'avant la paye le mari, le père ou le tuteur n'intervienne pour y mettre obstacle. Cet usage, devenu général, n'est pas seulement nécessaire par la nature des choses, il est régulier aux yeux de la loi : le mari et le tuteur sont réputés avoir consenti au payement direct, par cela seul qu'ils sont présumés avoir consenti à l'en-

gagement conclu sans leur assistance. (V. ci-dessus, n° 47.)

171. Nous supposons que l'engagement a été verbal. (V. ci-dessus, *ibidem.*) — S'il avait été contracté par écrit avec l'assistance du mari ou du tuteur, la même intervention serait nécessaire pour la régularité du payement. (V. n° 48.)

172. Responsabilité. — L'ouvrier ayant promis son travail et son intelligence au maître pour l'exécution du contrat, doit répondre des pertes de temps et des malfaçons qui procèdent de son fait. Cela est juste, car l'ouvrier s'engage et stipule un prix à raison de l'ouvrage à faire et de la capacité dont il se dit pourvu.

173. L'ouvrier est encore responsable du dommage qu'il lui a occasionné par imprudence ou négligence, soit en détériorant ou perdant la matière première destinée à la confection de l'ouvrage, soit en lui causant tout autre dégât; par exemple, en brisant ses métiers ou ses outils. (V. ci-après, art. 1382 du Code civil.)

174. Ces deux solutions *de droit* sont adoptées par les Conseils de prud'hommes que nous avons

consultés (1), et toutefois avec la restriction suivante, à savoir : que le maître qui est réputé diriger ses ouvriers travaillant à la journée, n'ait pas à se reprocher un défaut de surveillance vis-à-vis d'eux : c'est à lui à prouver qu'il y a faute de la part de l'ouvrier.

Nous ajouterons aussi qu'en fait le maître exige rarement l'indemnité, et qu'il se contente de se séparer de l'ouvrier maladroit ou négligent.

175. Mais lorsqu'il y a malveillance ou intention de nuire dans l'acte de l'ouvrier, la réparation dont il est tenu devient nécessaire, en équité comme en justice rigoureuse. (Article 1151 du Code civil.) Telle est la jurisprudence des mêmes Conseils.

176. Que s'il existe une infidélité commise par l'ouvrier, c'est-à-dire une soustraction frauduleuse d'une partie de la matière, ou de quelque objet appartenant au maître, elle caractérise un véritable délit. (V. ci-après n° 352.)

177. Partout, il est d'usage d'exercer la garantie due par l'ouvrier, au moyen d'une retenue équivalente sur son salaire : c'est en

(1) Paris, Lyon, Reims, Nanci, Troyes, Rouen, Saint-Quentin, etc. — Les cas fortuits sont toujours exceptés, n° 208.

effet une compensation qui s'établit dans les termes de droit. Au cas de contestation sur la dette des dommages-intérêts ou sur leur quotité, il faut que le juge statue préalablement, et il doit consulter avec soin toutes les circonstances du débat.

178. Le payement du salaire décharge l'ouvrier de toute garantie, à moins que ce préjudice n'ait été découvert depuis.

179. Dans l'usage le plus commun, dans les campagnes surtout, l'ouvrier qui ne travaille pas en atelier apporte les outils dont il se sert. Dans les ateliers, les outils appartiennent presque toujours au chef d'établissement. L'usure des outils regarde celui qui en est propriétaire. — Sur ce point, les usages sont encore très-divers.

180. Ce qu'il faut dire pour la règle, c'est que si les outils n'appartiennent pas à l'ouvrier, il doit en s'en servant y apporter, comme à la matière par lui employée, les soins et les ménagements d'un bon père de famille.

181. Il est entendu que le maître qui causerait à son ouvrier, par imprudence ou négligence, par dol surtout, un préjudice quel-

conque, est pareillement tenu de le réparer. (Art. 1382.)

182. Il doit lui fournir les outils convenables, selon l'usage de l'état, et toujours des matières de bonne qualité. Dans le cas contraire, il est non-recevable à se plaindre de la perte de temps ou des malfaçons qui en seraient résultées.

Bien plus, si par suite de la mauvaise qualité des outils, de la défectuosité des machines, ou de leur défaut de réparation, l'ouvrier éprouve un accident, une blessure, il a droit de se faire indemniser par le chef de fabrique, à moins cependant qu'il n'ait accepté les outils ou instruments dont il connaissait le vice, ou qu'il n'ait été chargé de veiller à leur bon état d'entretien. Si les outils ou machines ne sont que dangereux, l'ouvrier est réputé avoir consenti à courir les risques attachés à leur usage. Ces risques sont inhérents à la profession. C'est ce que j'ai vu juger par la Cour royale de Paris, en 1844, contre la veuve d'un malheureux homme de peine, qui avait été tué dans une fonderie de fer par la chute de la roue servant à diriger la grue de l'atelier.

Le fabricant pourrait de même encourir une

responsabilité, si le bâtiment où se trouve l'atelier, s'écroulant par suite d'une trop grande surcharge ou d'un défaut d'entretien à lui imputable, blessait les ouvriers ou leur causait quelque autre dommage.

182 *bis*. Le maître n'est pas tenu des conséquences fâcheuses que certaines espèces de fabriques pourraient avoir pour la santé ou la vie de l'ouvrier. C'est encore à celui-ci qu'il appartient d'en calculer le danger ou de le prévenir par la tempérance et les précautions : ce qu'il ne fait point assez. Au reste, ces périls ont presque cessé d'exister. La science a découvert des procédés qui protégent le travailleur, et les chefs de fabrique ne reculent devant aucune dépense pour employer les appareils préservatifs qu'elle conseille.

183. Bien entendu, dans les cas d'accident, le fabricant devra, par humanité et quelquefois par reconnaissance, s'empresser d'accorder les secours que la loi ne pourrait pas exiger de lui.

183 *bis*. Nous verrons plus loin quelles actions résultent de tous ces faits, contre l'ouvrier ou à son profit. (N° 335 et suiv.)

SECTION DEUXIÈME.

DROITS ET OBLIGATIONS DES CONTRACTANTS A FAÇON (1).

184. Cette autre destination du contrat présentant plus d'importance, il est plus difficile aussi de fixer la position réciproque des deux parties.

185. Avant tout, il convient d'écarter une confusion que nous avons déjà signalée n° 39, et qui pourrait résulter de la lettre mal comprise de l'art. 1787 du Code civil.

« Lorsqu'on charge quelqu'un de faire un » ouvrage, dit-il, on peut convenir qu'il four- » nira seulement son travail ou son industrie, » ou bien qu'il fournira aussi la matière. »

On ne doit réputer *ouvriers à façon,* selon le véritable esprit de cet article et le principe fondamental du contrat, que celui qui fournit son industrie seulement, ou tout au plus une portion minime de la matière employée, comme l'ouvrier ébéniste fournit la colle, le vernis, les clous; l'ouvrier tailleur, le fil, la soie, etc.

(1) Il faut voir ci-après, n°s 239 et suiv., les obligations particulières qui tiennent au contrat entre les fabricants et les chefs d'atelier.

Lorsque celui qui se charge d'un travail s'oblige à fournir et la matière et la façon, il est censé fabricant, du moins quant à cette entreprise particulière. Nous répétons que, dans l'espèce, ce n'est plus un contrat de louage qui s'est formé entre lui et le donneur d'ordre, c'est un contrat de vente.

186. Autre observation. — A l'égard des ouvriers à façon ou à la tâche qui travaillent dans l'atelier du chef d'établissement (il en existe beaucoup), nous croyons qu'ils doivent être assimilés aux ouvriers à la journée sous le rapport du régime personnel ; et que, par cette raison, il est juste de leur appliquer les principes sur la déférence et le respect envers le maître, sur l'ordre et la discipline de l'atelier, et que, réciproquement, ce dernier leur doit les mêmes égards et les mêmes ménagements. (V. ci-dessus n° 151.)

Nous dirons encore que les autres conséquences, résultant nécessairement de leur présence dans l'atelier du fabricant, leur sont applicables activement ou passivement, par la même raison. (Voir n°s 179 et suiv.) Le juge appréciera les nuances, s'il pouvait en exister.

187. Ceci expliqué, nous pensons que pour

les ouvriers à façon, travaillant chez le chef de fabrique, de même que pour les autres ouvriers à façon qui travaillent dans leur propre domicile, l'exécution du contrat se résume en ces trois obligations principales :

1° Confectionner l'ouvrage convenablement;

2° L'exécuter dans le délai fixé;

3° Rendre un compte fidèle de l'emploi de la matière qui leur a été fournie.

Leur droit corrélatif est d'exiger que le maître les mette à portée de remplir ces obligations, et, après leur accomplissement, d'exiger de lui le payement du prix convenu.

Nous complèterons nos principes par quelques explications sur le marchandage en particulier.

188. 1° Recevabilité de l'ouvrage et responsabilité pour malfaçon. — Les ouvriers à façon travaillent ordinairement sur un dessin, un type, un calibre ou modèle donné par le chef d'établissement. La recevabilité de l'ouvrage s'établit donc par la comparaison qui s'en fait avec ce modèle. L'ouvrier n'est pas tenu de perfectionner celui-ci. Pourvu qu'il l'ait copié exactement, il a rempli sa tâche; il n'a pas commis de malfaçon.

189. Il y a malfaçon, par cela seul que l'ouvrage n'est pas conforme au modèle donné, soit qu'elle procède de l'erreur, de l'imprudence ou de la négligence de l'ouvrier.

190. En un mot, il ne peut ni ajouter ni retrancher au modèle donné, sans le consentement du fabricant.

191. En cas de contestation sur la recevabilité de l'ouvrage, pour prétendue malfaçon, c'est la justice qui doit prononcer.

192. La réception de l'ouvrage ne peut pas toujours avoir lieu immédiatement. A cet égard, la nature de l'ouvrage est à considérer. Il y a tel ouvrage dont la façon se vérifie à la seule inspection, par exemple, un bijou; tel autre demande plus de temps, comme une pièce d'étoffe, etc. Les usages constants font loi dans chaque état. On doit dire, d'ailleurs, qu'il n'y a pas de délai fatal pour la vérification. C'est la jurisprudence du Conseil des Prud'hommes de Rouen.

193. Dans beaucoup d'ateliers, chaque ouvrier a *sa partie*, suivant le mot consacré; et pour le fabricant, l'ouvrage n'est réputé recevable qu'autant qu'il est devenu complet par l'achèvement et la réunion de toutes les parties.

S'il s'agit, par exemple, d'un instrument de musique ou d'optique, composé de plusieurs pièces, la première faite passe à un autre ouvrier qui l'achève ou y adapte une autre pièce. Ce double travail passe à un troisième ouvrier, qui, lui-même, le révise ou l'amplifie, etc. Dans ce système de fabrication fractionnée, la réception de chaque pièce doit être faite par l'ouvrier à qui la pièce est transmise; il l'accepte à ses risques : ainsi, successivement. Et c'est l'ouvrier par lequel l'ouvrage a été achevé, qui le présente à la réception du fabricant. C'est le même ouvrier aussi, qui devient responsable envers ce dernier de la nonrecevabilité du tout, sauf notre observation ci-après, nº 196.

Chaque ouvrier peut et doit refuser la pièce non recevable.

194. Si l'ouvrage, exécuté par parties, se fait en dehors de l'atelier du fabricant, en ville, et par des ouvriers différents, il est alors appelé à recevoir chaque pièce; chacun d'eux lui répond directement de la pièce qu'il a confectionnée.

195. Nous pensons que le principe de la responsabilité, quant aux malfaçons, doit s'ap-

pliquer d'une manière plus étroite aux ouvriers à façon qu'aux ouvriers à la journée (V. ci-dessus n° 172), parce que l'engagement de ceux-là a trait à une chose déterminée, et qu'il est conclu plus spécialement sous la condition tacite de sa bonne confection. (V. n° 352.)

196. Mais si l'ouvrage se fabrique dans l'atelier du fabricant et sous sa surveillance, l'application du principe peut recevoir les modifications que nous avons indiquées, n° 174.

197. Lorsque l'ouvrier a d'autres ouvriers sous ses ordres, et pour son compte, comme le chef d'atelier, il répond au fabricant de leurs faits, d'après les règles ci-dessus. (Art. 1384.)

198. La responsabilité de l'ouvrier à façon ne dure pas au-delà de la réception faite de l'ouvrage, à la différence de celle des architectes ou entrepreneurs. L'art. 1792 qui les concerne, ne lui est point applicable.

Il convient d'appliquer ici ce que nous avons dit n° 178, pour le mode d'exercice de la garantie due par les ouvriers à temps.

A Saint-Quentin, le cinquième des salaires est mis en réserve pour la garantie des indemnités possibles.

199. De son côté, celui qui fait travailler doit fournir à l'ouvrier à façon des matières de bonne qualité et appropriées à la nature de l'ouvrage. Autrement, l'ouvrier est fondé à rejeter sur lui le tort des malfaçons qui proviennent du vice de la chose, ou même se refuser à continuer l'ouvrage, et lui demander des dommages-intérêts pour son temps perdu, si, ne résidant pas sur place, il se trouve exposé à un chômage plus ou moins long, à des frais de report des matières, etc.

200. 2° Délai pour la façon. — Nous avons indiqué, n° 93, son importance et sa durée. Si l'ouvrier le laisse passer sans avoir terminé et livré l'ouvrage, en l'absence de tout empêchement légitime, le maître a le droit ou de poursuivre l'exécution du contrat, ou de le faire résoudre, en lui réclamant des dommages-intérêts dans les deux cas. C'est encore là une question à décider par les faits et par l'équité.

201. Le retard a-t-il été causé par la non livraison des métiers, s'il s'agit de tissage, par le retard dans la remise des matières ou leur mauvaise qualité, par exemple, de la laine pour le tissage, de l'acier pour la confection d'armes ou d'outils, etc., non seulement ce

retard est excusable, mais le fait du fabricant pourrait, selon les circonstances, par exemple en cas de chômage, motiver une demande de dommages-intérêts.

202. 3° Responsabilité quant a la matière. — Dans la règle, l'ouvrier doit, en rapportant l'ouvrage exécuté par lui, rendre toute la matière qu'il a reçue du fabricant; il la rend soit en emploi, soit en résidu.

203. Il n'est pas toujours facile d'apprécier s'il y a eu perte de la matière dans les mains de l'ouvrier, ou de quelle quantité. Dans presque tous les genres de fabrication qui s'exécutent au dehors, dans celles des soieries, des châles et des tissages, notamment, il s'opère, par l'effet du travail, un déchet plus ou moins considérable. Pour prévenir les difficultés autant que possible, il est quelquefois d'usage que le fabricant alloue à l'ouvrier la déduction d'une certaine quotité de matières sur le poids de l'ouvrage confectionné (1).

Dans la bijouterie, à Paris, l'on accorde aux ouvriers à façon, travaillant chez eux, une bo-

(1) Les déchets sont ordinairement abandonnés à l'ouvrier gazier, dans la fabrique des châles.

nification de 1 p. 0/0 sur le poids, moyennant laquelle ils prennent à leur charge les déchets de fabrication. D'autres fois, cette bonification est remplacée par la permission qui leur est donnée de fournir, comme équivalent de la matière d'or, la soudure devant entrer dans la composition des ouvrages.

Les difficultés ne sont encore que trop fréquentes à l'occasion du compte des matières, parce que l'humidité et l'apprêt peuvent souvent servir à donner à certains ouvrages un poids factice et simulé. Alors, il n'y a pas seulement perte de la matière et faute de la part de l'ouvrier ; c'est une soustraction frauduleuse, et par conséquent un délit (1).

204. Pour ce cas, la responsabilité de l'ouvrier n'est pas douteuse. (V. n° 352.)

205. Mais, quant à la perte simple de la matière, l'art. 1789 porte : « Dans le cas où » l'ouvrier fournit seulement son travail ou

(1) A Lyon, les soieries doivent être soumises, avant et après la fabrication, à un établissement public qui en vérifie le poids réputé légal : c'est ce qu'on appelle les faire passer à *la Condition*. Cette sage mesure, qui prévient beaucoup de contestations, ne les fait pas cesser complètement. — On nomme *piquage d'once* les fraudes commises. — Les *tirelles* sont les déchets.

» son industrie, si la chose vient à périr, l'ou- » vrier n'est tenu *que de sa faute.* » D'où la conséquence que, s'il n'est pas en faute, la perte de la matière regarde le maître qui l'a fournie, selon la maxime de droit : *la chose périt pour le propriétaire.*

Il s'agit donc de savoir quand il existe une faute imputable à l'ouvrier, et nous revenons à une distinction déjà établie :

206. Lorsque l'ouvrier à façon travaille dans son propre domicile et hors la surveillance immédiate du fabricant, nous pensons qu'il est tenu même de la faute légère. Il ne lui suffit pas, en effet, de mettre, dans la garde et l'emploi de la matière, le soin qu'il apporte à ses propres choses ou affaires; il n'est pas simplement dépositaire de la chose (art. 1927 Code civil); il lui doit un soin tout particulier, parce qu'il en a pris l'engagement pour assurer l'exécution du contrat de louage, et qu'il est payé en conséquence.

Et par une suite naturelle de ce principe, c'est à lui à prouver que la perte n'est pas survenue par sa faute.

Il est présumé avoir reçu du fabricant la matière en bon état, dès qu'il n'a cune réclamation, à moins que le vice ne fût caché.

207. Lorsque l'ouvrier travaille dans l'atelier du maître, c'est-à-dire sous la surveillance immédiate et continuelle du maître, l'appréciation de la faute se fera moins sévèrement. Il convient de suivre le principe et les modifications applicables à l'ouvrier de journée et par la même raison. (V. ci-dessus n° 174.)

Dans la bijouterie fine et dans les métaux généralement, à Paris, l'ouvrier à façon qui travaille chez le fabricant n'est pas réputé responsable des matières perdues. C'est plus qu'une modification, c'est une exception à la règle.

208. Il n'y aura de faute imputable à l'ouvrier, dans aucun cas, si la matière périt par un accident fortuit ou de force majeure, c'est-à-dire par l'effet d'un accident étranger à l'ouvrier, qui n'a pu ni le prévoir, ni l'empêcher, tel qu'un incendie, l'éboulement de la maison, etc. L'ouvrier travaillant chez lui est tenu de prouver l'accident.

209. De même, si cet ouvrier prétend que la matière lui a été volée, il doit établir que le vol a eu lieu, et de plus qu'il a été consommé

avec violence ou effraction, non par suite de son imprudence ou de sa négligence.

210. Il doit aussi prouver que la matière a péri par un vice qui lui était propre.

211. L'ouvrier à façon qui a d'autres ouvriers sous ses ordres et pour son compte, répond de leur faute au fabricant (Art. 1384), dans les mêmes termes.

212. La réception, faite par le maître, décharge l'ouvrier de tous risques quant à la matière qui a servi à l'ouvrage reçu.

213. Il suit de ces risques encourus par l'ouvrier, qu'il a un grand intérêt à presser la livraison et la vérification de l'ouvrage.

214. L'article 1790, développant le principe de la responsabilité quant à la matière, dispose : « Si, dans le cas de l'article précé» dent, la chose vient à périr, quoique sans » aucune faute de la part de l'ouvrier, avant » que l'ouvrage ait été reçu et sans que le maî» tre fût en demeure de le vérifier, l'ouvrier » n'a point de salaire à réclamer, à moins que « la chose n'ait péri par le vice de la matière. » Ainsi, dans le cas où la perte de la matière est causée par un événement *purement* fortuit ou de force majeure, la loi qui introduit [illegible] droit

nouveau, veut compenser en quelque sorte les pertes que l'accident a causées ; elle se détermine par deux motifs : par une raison d'équité, et par le désir de prévenir les difficultés qui peuvent naître sur la question de savoir s'il y a eu, ou non, faute reprochable à l'ouvrier.

Supposez que ce dernier ait fait quelques fournitures accessoires, il les perdra, par la même raison.

215. La loi établit une exception à cette règle dans trois cas :

216. *Lorsque l'ouvrage a été reçu par le maître ;* — en effet, le salaire est acquis à l'ouvrier, parce qu'à partir de ce moment, l'ouvrage est devenu la propriété du maître pour la façon comme pour la matière. La réception est faite quand l'ouvrage lui a été livré, et qu'il l'a accepté sans réclamation, ainsi que nous l'avons expliqué ci-dessus, nº 192.

217. *Lorsque le maître a souffert qu'on le mît en demeure de vérifier l'ouvrage ;* — dans ce cas encore, le salaire est dû, parce que la réception est censée opérée. La loi punit, avec justice, la mauvaise foi ou la négligence du retardataire.

Rigoureusement, la mise en demeure devrait avoir lieu par un acte d'huissier, c'est-à-dire, par une sommation; toutefois, nous admettons qu'elle pourrait résulter des lettres écrites par l'ouvrier, ou même des démarches qu'il aurait faites pour obtenir la réception de l'ouvrage. C'est ce que le juge appréciera d'après les circonstances.

218. *Lorsque enfin le maître a fourni à l'ouvrier une matière vicieuse;* — la loi présume qu'il a dû en connaître la mauvaise qualité, et l'ouvrier, au contraire, l'ignorer.

Cette présomption n'est point absolue. Si l'on prouvait que l'ouvrier a connu le vice de la matière avant de travailler, il aurait à s'imputer de s'être livré sciemment à un travail qui ne devait pas avoir de résultat utile pour le fabricant.

219. L'ouvrier peut prendre à ses risques le vice de la matière; mais il faut à cet égard une stipulation expresse, et en cas de perte de la chose, il ne lui est pas dû de salaire.

220. L'article 1791 ajoute : « S'il s'agit d'un » ouvrage à plusieurs pièces ou à la mesure, » la vérification peut s'en faire par parties; » elle est censée faite pour toutes les parties » payées, si le maître paie l'ouvrier en propor-

» tion de l'ouvrage fait. » Il ne faut pas confondre le payement dont parle l'article, avec une avance ou un simple à-compte sur son travail, en totalité ou en bloc. L'imputation doit avoir été faite spécialement sur telle quantité d'ouvrage ou de mesurage livrée par lui; et l'ouvrier, en sa qualité de demandeur, est tenu de prouver cette imputation.

221. 4° Conséquence de l'accomplissement des trois obligations ci-dessus. — Lorsque l'ouvrier a rempli tous ses engagements, il est bien fondé à en réclamer le prix. Nous avons dit plus haut comment ce prix doit lui être payé par le maître. Nous rappelons que celui-ci n'a pas le droit d'affirmation quant à la quotité ni au payement du prix à forfait. Nous examinerons plus loin s'il y a une prescription ou des priviléges qui concernent l'ouvrier à façon.

222. Il est entendu que, si l'ouvrier a fait quelques menues fournitures nécessaires à l'exécution du travail, telles que la colle, le vernis et les clous pour l'ébéniste, elles lui sont payées, à prix débattu, lorsqu'elles n'ont pas été comprises dans le prix de façon. En général, ce prix embrasse tout.

223. Si ces fournitures n'étaient pas indis-

pensables, ou s'il avait fait un surcroît de travail, non commandé, l'ouvrier n'aurait pas le droit d'en réclamer le prix, au-delà du prix convenu. Cependant, en cas de plus-value, l'équité voudrait que le maître la lui payât ; il ne doit pas s'enrichir aux dépens d'autrui.

224. Le Code civil contient des dispositions fort importantes sur le droit d'*accession*, relativement aux choses mobilières, art. 565 et suivants ; elles prévoient et règlent les divers cas où deux choses mobilières, appartenant à deux maîtres différents, ont été unies ensemble par l'effet d'un travail quelconque, sans convention préalable ; elles décident à qui des deux l'ouvrage fait doit appartenir, et quelle indemnité peut être due à l'autre, en suivant, dit la loi, les principes de l'équité naturelle. Il importe d'avertir que ces dispositions ne s'appliquent point au contrat de louage à façon. Dans ce contrat, la matière employée pour le travail est fournie par le fabricant seul, et, s'il arrive que l'ouvrier en fournisse une partie accessoire, il est convenu à l'avance, que l'ouvrage confectionné restera la propriété de celui-là, moyennant le prix fixé entre eux.

L'ouvrier ne peut pas plus ajouter à la matière qu'au travail, sans avoir pris l'autorisation du fabricant. (V. ci-dessus n° 190.)

225. Le marchandage réclame quelques explications particulières, à cause de son importance.

Il suppose toujours l'existence de deux contrats de louage à façon distincts : le premier, qui intervient entre le fabricant ou l'entrepreneur général et le marchandeur; le deuxième, entre le marchandeur et les ouvriers qu'il emploie. On doit appliquer à chacun de ces contrats les principes que nous venons d'exposer dans la présente section, et pour les deux catégories indiquées. Cela ne souffre pas de difficulté (1).

Le marchandeur est réputé ouvrier, à l'égard de l'entrepreneur général ou du fabricant; il fait l'office de maître vis-à-vis de ses propres ouvriers.

226. Mais une difficulté sérieuse s'est élevée, celle de savoir si les ouvriers du marchandeur n'étant pas payés par lui, ont une

(1) Il y a beaucoup de marchandeurs qui font travailler leurs ouvriers dans l'atelier même de l'entrepreneur général ou du fabricant, avec ses outils, son éclairage, son chauffage, etc.; le prix du forfait est fixé

action personnelle contre l'entrepreneur général. Nous pensons qu'il convient de distinguer deux cas :

227. *Première hypothèse.*—Le marchandage est permis comme toutes les conventions qui ne sont pas défendues par la loi, et nous avons constaté qu'il peut être profitable à l'ouvrier. Or, si, avant le commencement des travaux, l'entrepreneur général a régularisé son marché, en le passant devant notaire, ou en faisant enregistrer son acte sous seing privé, nous sommes d'avis qu'il a acquis le droit de repousser l'action de l'ouvrier aux termes de l'art. 1798 du Code civil (1) qui doit s'appliquer en faveur de l'entrepreneur comme en faveur du *propriétaire,* par identité de raison. Il n'est tenu envers l'ouvrier, suivant nous, que jusqu'à concurrence de la somme qu'il peut redevoir au marchandeur sur le prix de leur marché. Autrement, ce marché ne rece-

(1) Cet article porte : « Les maçons, charpentiers et *autres ou-* » *vriers* qui ont été employés à la construction d'un bâtiment *ou* » *d'autres ouvrages faits à l'entreprise*, n'ont d'action contre » celui pour lequel les ouvrages ont été faits, que jusqu'à concur- » rence de ce dont il se trouve débiteur envers l'entrepreneur au » moment où leur action est intentée. »

vrait pas d'effet ou au moins tout son effet, puisque la réclamation de l'ouvrier, si elle était admise, pourrait forcer l'entrepreneur à payer les travaux au-delà du prix à forfait convenu pour le marchandage.

Une autre raison résiste à la prétention de l'ouvrier, c'est qu'il n'a pas traité avec l'entrepreneur, mais bien avec le marchandeur, et que les conventions ne sont obligatoires qu'entre les parties contractantes (art. 1165). L'ouvrier doit, avant de louer son travail au marchandeur, s'assurer s'il est solvable, et, dans le cas contraire, ne pas travailler pour lui. Nous savons que les ouvriers sont naturellement disposés à la confiance, et par là même trop faciles à tromper : cette considération, toute favorable qu'elle soit, ne saurait prévaloir contre l'intérêt et le droit de l'entrepreneur, alors qu'ils se trouvent consacrés par les précautions légales.

228. La conséquence rigoureuse de cette solution serait même que l'entrepreneur général ou le fabricant ne leur doit aucune communication de son marché, dûment régularisé; toutefois, nous dirons que, s'il est prudent et consciencieux, il les en préviendra, et leur indi-

quera les époques de ses payements, afin qu'ils puissent ou se faire payer eux-mêmes par le marchandeur, au fur et à mesure qu'il touchera ce qui lui est dû, ou mettre opposition sur les sommes à toucher (1).

229. Bien que les dépenses faites pour la façon des travaux dépassent le prix du forfait, l'entrepreneur ou le fabricant qui a débattu ce prix avec le marchandeur ne doit rien au-delà. Il ne peut pas entrer dans l'appréciation des dépenses qu'il n'a ni ordonnées ni dirigées. D'un autre côté, il n'est pas permis de lui imputer à bénéfice illégitime le gain qu'il a voulu se réserver dans le forfait.

230. Nous supposons, bien entendu, qu'il y a bonne foi de la part de l'entrepreneur général. Si le sous-marché n'est qu'une simulation, s'il a traité avec un homme notoirement insolvable pour faire perdre le prix de leurs travaux aux ouvriers que celui-ci aura embauchés, il y aura fraude de la part de l'entrepre-

(1) C'est un usage louable qu'ont adopté, à notre connaissance, plusieurs entrepreneurs ou fabricants, et que recommandent toujours les Prud'hommes. Nous citerons, entre autres, les Conseils de Paris et de Nantes. Quelques fabricants se chargent même de faire la paye aux ouvriers du marchandeur, et ils en débitent le compte de celui-ci.

neur, il sera responsable envers eux; la fraude fait exception à toutes les règles.

231. *Deuxième hypothèse.* — L'entrepreneur ou le fabricant, même de bonne foi, n'a pas pris la précaution de donner à son marché le caractère légal indiqué plus haut, et qui seul peut le rendre opposable aux tiers (art. 1328 Code civil); dans ce cas, nous n'hésitons pas à penser qu'il est garant envers les ouvriers, parce que le marchandeur n'est réputé, à leur égard, que son *préposé* ou mandataire; et la faveur qui s'attache à eux rend l'admission de cette présomption d'autant plus facile.

232. Dans les deux hypothèses, il faudrait accueillir l'action des ouvriers, si l'entrepreneur général ou le fabricant avait embauché lui-même les ouvriers, ou si (ce qui arrive assez souvent), il leur avait fait des promesses personnelles pour les attirer ou les retenir dans l'atelier.

Lorsque les ouvriers travaillent dans l'atelier du fabricant, ce n'est pas une raison de décider qu'ils ont cru travailler pour son compte; mais c'est du moins une présomption qui, jointe à d'autres, pourrait démontrer l'engagement personnel contracté par lui.

233. La difficulté serait plus sérieuse, dans le cas où il se serait borné à devancer l'époque de ses payements, contrairement au traité de marchandage ou à l'usage de son genre d'industrie. (V. ci-dessus n° 74.) Nous croyons, par une raison de droit et d'équité, que, dans cette situation, les ouvriers seraient fondés à lui opposer qu'ils ont travaillé avec la confiance que les payements serviraient à solder leur salaire, — qu'ils n'ont fait crédit au marchandeur qu'à cette condition. L'entrepreneur général ou le fabricant aurait commis un acte d'imprudence ou de négligence, qui leur aurait porté préjudice, et qu'il serait obligé de réparer (art. 1382 Code civil).

234. Sur toutes ces questions délicates, les faits sont à considérer, et pour tenir une balance égale entre les deux parties, le juge doit concilier la rigueur des principes qui militent du côté de l'entrepreneur général, s'il s'est mis en règle, avec l'équité qui parle au profit des ouvriers non payés. Il faut ajouter que, le marchandage étant presque toujours verbal, le marché devient le plus souvent sans application possible.

235. Il n'est pas sans exemple qu'un mar-

chandeur, voulant se donner plus de crédit, essaie de se présenter avec la fausse qualité de simple commis ou préposé de l'entrepreneur général, et que les ouvriers, pour être payés par celui-ci, se prêtent à ce calcul déloyal : c'est encore ce que le juge vérifiera.

236. Si les ouvriers du marchandeur n'ont pas d'action personnelle contre l'entrepreneur général ou le fabricant, ont du moins un privilége spécial *sur la chose par eux confectionnée*, aux termes de l'art. 2102, § 3? Nous ne le pensons pas. La loi n'accorde ce privilége qu'aux *frais* faits pour la *conservation* de la chose, et l'on ne peut pas dire, avec vérité, que l'ouvrier conserve la chose; il l'améliore, ou plutôt il la *crée*. Un privilége ne s'établit point par induction, si favorable qu'il soit. (V. ci-après n° 374.)

237. Lorsque les travaux sont refusés par l'entrepreneur général pour malfaçon, ce n'est pas une raison suffisante pour que le marchandeur ait le droit de faire supporter par ses ouvriers les conséquences du rejet; ils ont acquis leur salaire dès qu'ils se sont conformés aux ordres et aux instructions de celui-ci, sous la conduite duquel ils ont travaillé. Ils ne répon-

dent que des malfaçons qui leur sont *personnellement* imputables.

238. Le marchandeur a quelquefois un sous-marchandeur : dans ce cas on appliquera, entre le premier et les ouvriers employés par le sous-marchandeur, les solutions qui précèdent.

SECTION TROISIÈME.

OBLIGATIONS SPÉCIALES DES CONTRACTANTS.

239. Nous entendons parler des obligations qui sont imposées par des lois spéciales à certains ouvriers, à temps ou même à façon, et à ceux qui les emploient. Elles concernent :

Le livret et le congé d'acquit ;

Le règlement de compte entre le fabricant et le chef d'atelier ;

Le travail des enfants.

Quelques-unes de ces obligations se référant à l'époque où cesse le louage d'ouvrage, il semble que nous n'aurions dû les exposer qu'après avoir indiqué comment le contrat finit ; mais comme les unes et les autres sont réglées par des textes spéciaux, nous avons préféré présenter de suite chacun des textes dans son ensemble, afin d'en rendre l'intelligence et l'exécution plus faciles.

§ Ier.

DU LIVRET ET DU CONGÉ D'ACQUIT (1).

240. La formalité du livret dont certains ouvriers doivent être munis, est très-importante. Instituée par les lettres-patentes du 12 septembre 1781, supprimée ensuite par la loi du 17 mai 1791, qui a révoqué toutes les lois réglementaires de l'industrie sans distinction, elle a été rétablie par la loi du 22 germinal en XI, qui a reconnu, enfin, avec une haute sagesse, la nécessité de régulariser les *manufactures, fabriques et ateliers,* pour y ramener l'ordre et la discipline.

Après avoir décrété le principe du livret,

(1) Un nouveau projet de loi sur le livret vient d'être présenté par M. le ministre du commerce à la Chambre des pairs. Le Conseil des Prud'hommes de Paris (métaux) a cru devoir soumettre des observations en quelques points, et déjà la commission de la Chambre a déposé son rapport qui promet de notables améliorations. En attendant la loi qui peut tarder, nous croyons utile de retracer la législation actuelle, dont les principes essentiels sont maintenus.

qu'elle prescrit pour les employés dans ces établissements, la loi de germinal ajoute, art. 13: « La forme de ces livrets et les règles à suivre » pour leur délivrance, leur tenue et renou- » vellement, seront déterminée par le gouver- » nement, de la manière prescrite par les rè- » glements d'administration publique. »

Et c'est ce qui a été fait par l'arrêté du 9 frimaire en XII, dont il importe de connaître toutes les dispositions.

Dispositions générales.

Art. 1er. A compter de la publication du présent arrêté, tout *ouvrier*, travaillant en qualité de *compagnon* ou *garçon*, devra se pourvoir d'un livret.

241. Ainsi, la loi ne fait exception ni du sexe, ni de l'âge, ni du genre d'industrie, pour les ouvriers travaillant dans les manufactures, fabriques et ateliers. Tous sont tenus d'avoir un livret. Nous verrons que la loi du 22 mars 1841 a reconnu que cette prescription devait s'appliquer aux enfants travaillant dans les manufactures.

242. Il faut se garder de croire que le livret soit un signe d'abaissement et presque de servi-

tude dans la personne de l'ouvrier, ou bien un instrument de surveillance et de police contre lui. En lisant la loi sans prévention, on remarquera que le livret a un tout autre but : qu'il est destiné à être, pour l'ouvrier, le certificat honorable de sa moralité et de sa capacité, le moyen certain de lui assurer du travail et des secours. Il sert, d'ailleurs, entre le maître et lui, à constater leur situation respective, à la fin du contrat.

L'ouvrier changeant souvent d'atelier ou de résidence, par nécessité ou par goût, quel autre moyen aurait-il le plus souvent pour remplacer le livret ?

243. Le chef d'atelier, le contre-maître, l'ouvrier patenté (1) et l'apprenti (2) ne sont

(1) Avant la loi de 1844, un assez grand nombre d'ouvriers à façon étaient assujétis à prendre une patente, aux termes de l'ancienne loi du 1er brumaire an VII, article 29, § 3. La nouvelle loi restreint l'obligation de la patente pour les ouvriers, en déclarant qu'elle en dispense « les ouvriers travaillant chez eux... *sans compa-» gnons, apprentis, enseigne ni boutique,* » et en ajoutant : « ne » sont point considérés comme compagnons ou apprentis la femme » travaillant avec son mari, ni les enfants non mariés travaillant » avec leurs père et mère, ni le simple manœuvre dont le concours » est indispensable à l'exercice de la profession. » (Loi du 25 avril 1844, art. 13, n° 6.)

(2) Nous avons émis dans notre *Contrat d'apprentissage*, n° 171,

pas assujétis par la loi à l'obligation du livret.

Art. 2. Ce livret sera en papier libre, coté et paraphé sans frais, savoir : à Paris, Lyon et Marseille, par un commissaire de police ; et dans les autres villes, par le maire ou l'un des adjoints. Le premier feuillet portera le sceau de la municipalité, et contiendra le nom et le prénom de l'ouvrier, son âge, le lieu de sa naissance, son signalement, la désignation de sa profession, et le nom du maître chez lequel il travaille.

Art. 3. Indépendamment de l'exécution de la loi sur les passeports, l'ouvrier sera tenu de faire viser son dernier congé par le maire ou son adjoint, et de faire indiquer le lieu où il se propose de se rendre. Tout ouvrier qui voyagera sans être muni d'un livret ainsi visé, sera réputé *vagabond*, et pourra être arrêté et puni comme tel.

244. Le vagabondage est un *délit* que l'art. 269 du Code pénal punit de trois à six mois d'emprisonnement. (V. l'article 270 et les suivants (1).

l'opinion qu'un livret spécial doit être donné à l'apprenti, et la commission de la Chambre des pairs l'a ainsi proposé (art. 1er de son projet amendé). Le projet ministériel étend l'obligation du livret à tous les ouvriers *sans distinction*, même à ceux employés dans les exploitations rurales. La Chambre des pairs a justement modifié cette proposition.

(1) Le nouveau projet adoucit cette disposition trop rigoureuse. Elle porte que le livret revêtu du visa *gratuit* vaudra passe port à l'intérieur. (Art. 7.)

De l'inscription des congés sur le livret, et des obligations imposées à cet égard aux ouvriers et à ceux qui les emploient.

Art. 4. Tout manufacturier, entrepreneur, et généralement toutes personnes employant des ouvriers, seront tenus, quand ces ouvriers sortiront de chez eux, d'inscrire sur leur livret un congé portant *acquit de leurs engagements*, s'ils les ont remplis. Les congés seront inscrits sans lacune, à la suite les uns des autres ; ils énonceront le jour de la sortie de l'ouvrier.

Art. 5. L'ouvrier sera tenu de faire inscrire le jour de son entrée sur son livret, par le maître chez lequel il se propose de travailler, ou, à son défaut, par les fonctionnaires publics désignés en l'art. 2, et sans frais, et de déposer le livret entre les mains de son maître, s'il l'exige.

245. La loi veut deux choses essentielles : 1° que, lors de son entrée, l'ouvrier remette au maître son livret, et que celui-ci y inscrive le jour de cette entrée; 2° qu'à la sortie, il y porte le congé mentionnant l'acquit de leurs engagements (1).

246. On voit de suite en quoi ce congé diffère de celui que le maître et l'ouvrier se doivent réciproquement, lorsqu'ils veulent se séparer. (V. ci-dessus n° 100.) Celui-ci précède l'autre.

(1) Cette disposition est maintenue.

247. Trop souvent, il faut le dire, ces formalités si nécessaires ne sont observées, ni par les ouvriers ni par les chefs d'établissements, parce que la loi manque de sanction. Le projet de loi propose d'y pourvoir, en établissant des pénalités (1).

248. Le congé signé par le maître doit se borner à énoncer l'acquit des engagements, sans éloge ni blâme. (V. notre *Compétence*, nº 240.) L'acquit seul prouve la moralité de l'ouvrier.

249. « Nul ne pourra, *sous peine de dom-» mages-intérêts*, dit l'art. 12 de la loi du 22 ger-» minal an XI, recevoir un ouvrier, s'il n'est » porteur d'un livret portant le certificat d'ac-» quit de ses engagements délivré par celui de » chez qui il sort. » C'est là un autre avantage du congé d'acquit; il prévient l'embauchage des ouvriers au mépris d'engagements antérieurs.

Les dommages-intérêts prononcés par la loi de germinal au profit du maître chez lequel l'ouvrier a travaillé en dernier lieu, après lui

(1) Art. 11. La Cour de cassation a jugé que le préfet et les commissaires de police n'ont pas le droit d'imposer des amendes pour l'exécution de la loi actuelle.

avoir remis son livret, ne font point préjudice à ceux qu'il a droit de réclamer contre cet ouvrier personnellement, à raison de l'infraction du contrat de louage d'ouvrage. La première condition qui est imposée au maître demandant des dommages-intérêts, c'est de représenter le livret dont il est resté détenteur.

250. Si plusieurs fabricants ont employé le même ouvrier successivement sans livret, nous pensons que chacun d'eux est passible de l'action en indemnité (1).

Art. 6. Si la personne qui a occupé l'ouvrier refuse, sans motif légitime, de remettre le livret ou de délivrer le congé, il sera procédé contre elle de la manière et suivant le mode établi par le titre V de la loi du 22 germinal. En cas de condamnation, les dommages-intérêts seront payés sur-le-champ.

251. Nous sommes d'avis qu'aujourd'hui la connaissance de ces contestations, qui ont un caractère *purement civil,* comme se rattachant d'une manière intime à l'exécution du contrat de louage, dans le sens de l'art 20 de la loi, appartiennent aux Conseils de Prud'hommes, ou, à leur défaut, aux juges de paix (2).

(1) Voir les art. 5, 6 et 7 du projet ministériel.

(2) Le projet ministériel, qui proposait de les déférer aux maires

252. La remise du livret, *sans le congé d'acquit,* serait insuffisante d'après la loi, puisque l'acquit seul peut prouver que l'engagement a été rempli.

253. Le motif légitime pour refuser la remise du livret et le congé d'acquit, se trouve expliqué par l'article suivant de l'arrêté :

Art. 7. L'ouvrier qui a reçu des avances sur son salaire, ou contracté l'engagement de travailler pendant un certain temps, ne pourra exiger la remise de son livret et la délivrance de son congé, qu'après avoir acquitté sa dette par son travail et rempli ses engagements, si son maître l'exige.

254. La retenue du livret est souvent, en effet, la *seule* garantie qu'ait celui-ci, et la garantie est nécessaire dans l'intérêt de l'ouvrier lui-même, puisqu'elle dispose le fabricant à faire les avances dont il peut avoir besoin. La loi atténue les conséquences de cette mesure par la disposition qui suit :

S'il arrive, ajoute l'article 8, que l'ouvrier soit obligé de se retirer, parce qu'on lui refuse du travail ou son salaire, son livret et son congé lui seront remis, encore qu'il n'ait pas remboursé les avances qui lui ont été

et au préfet de police à Paris, a été amendé en ce sens par la commission de la Chambre des pairs.

faites; seulement, le créancier aura le droit de *mentionner la dette* sur le livret (1).

255. S'il y a difficulté sur le règlement de compte, il faut qu'elle soit décidée par le juge (2), c'est-à-dire par les Prud'hommes.

Art. 9. Dans le cas de l'article précédent, ceux qui emploieront ultérieurement l'ouvrier, feront, jusqu'à entière libération, sur le produit de son travail, une retenue au profit du créancier. Cette retenue ne pourra, en aucun cas, excéder les deux dixièmes du salaire journalier de l'ouvrier; lorsque la dette sera acquittée, il en sera fait mention sur le livret. Celui qui aura exercé la retenue sera tenu d'en prévenir le maître au profit duquel elle aura été faite, et d'en tenir le montant à sa disposition. — (V. ci-après l'art. 21.)

Art. 10. Lorsque celui pour lequel l'ouvrier a travaillé ne saura ou ne pourra écrire, ou lorsqu'il sera décédé, le congé sera délivré, après vérification, par le commissaire de police, le maire du lieu, ou l'un de ses adjoints, et sans frais.

256. Nous croyons que, dans ce cas, le gérant ou préposé et l'héritier du maître ont qualité pour délivrer le congé.

(1) Il importe que la loi intervienne pour limiter le chiffre de cette mention. Le projet ministériel avait fixé la retenue à 60 francs (art. 6), et la commission de la Chambre des pairs l'a réduite à 30 fr. (art. 7). Nous savons que des fabricants fort éclairés et fort désintéressés, tout à la fois, trouvent la réduction excessive. Si la garantie du maître est par trop diminuée, on court le risque non moins dangereux de tarir la source des avances.

(2) Il est essentiel que la loi ordonne la remise du livret *par*

Des formalités à remplir pour se procurer le livret (1).

Art. 11. Le premier livret d'un ouvrier lui sera expédié : 1° sur la présentation de son acquit d'apprentissage, 2° ou sur la demande de la personne chez laquelle il aura travaillé ; 3° ou, enfin, sur l'affirmation de deux citoyens patentés de sa profession, et domiciliés, portant que le pétitionnaire est libre de tout engagement, soit pour raison d'apprentissage, soit pour raison d'obligation de travail comme ouvrier.

Art. 12. Lorsqu'un ouvrier voudra faire coter et parapher un nouveau livret, il représentera l'ancien. Le nouveau livret ne sera délivré qu'après qu'il aura été vérifié que l'ancien est rempli ou hors d'état de servir. Les mentions de dettes seront transportées de l'ancien livret sur le nouveau.

257. C'est l'autorité chargée de délivrer le nouveau livret qui opère le report de dettes sans appeler le créancier, sauf à celui-ci le droit de se pourvoir devant les Prud'hommes en cas d'erreur ou d'omission. Ils sont compétents en ce point qui ne concerne plus la délivrance du brevet.

Art. 13. Si le livret de l'ouvrier était perdu, il

provision, attendu l'urgence. C'est ce que fait le projet de la commission (art. 6).

(1) Le projet ministériel remet aux futurs règlements le soin de les déterminer. (Art. 9.)

pourra, sur la présentation de son passeport en règle, obtenir la permission provisoire de travailler, mais sans pouvoir être autorisé à aller dans un autre lieu, et à la charge de donner à l'officier de police du lieu (où il réside actuellement) *la preuve qu'il est libre de tout engagement*, et tous les renseignements nécessaires pour autoriser la délivrance d'un nouveau livret, sans lequel il ne pourra partir.

258. Cet article est encore motivé par la garantie due au maître créancier.

259. Les ouvriers qui travaillent *dans les mines* sont également assujétis au livret. (Article 26 du décret du 3 janvier 1813 (1).

260. Lorsqu'un maître a reçu un ouvrier qui n'avait pas de livret, nous pensons qu'il est tenu, si ce dernier le demande, de lui délivrer un certificat de travail et de libération, à l'aide duquel l'ouvrier puisse se faire délivrer un livret. Nous supposons, bien entendu, que le maître n'a pas de motif légitime pour s'y refuser, aux termes de l'art. 7 ci-dessus. Telle est la jurisprudence du Conseil des Prud'hommes de Rouen. Le maître, qui a eu le tort de violer lui-même la loi, aurait mauvaise grâce à refuser sa déclaration, lorsqu'elle ne lui porte

(1) Le projet ministériel les comprend nominativement dans la loi, ainsi que les ouvriers des carrières.

aucun préjudice, et qu'elle peut être indispensable ou utile à l'ouvrier.

§ 2.

DU RÈGLEMENT DE COMPTE ET DE LA POLICE ENTRE LES CHEFS D'ATELIER ET LES NÉGOCIANTS MANUFACTURIERS.

261. Quelques observations préliminaires doivent se placer ici :

1° Les dispositions dont nous allons nous occuper ne concernent que les ouvriers désignés par la loi du 18 mars 1806, sous la dénomination de *chefs d'atelier*.

2° Elles ne sont obligatoires que dans les localités où il existe des Conseils de Prud'hommes.

3° Le règlement de compte dont elles parlent est étranger à celui qui est porté sur le *livret* des autres ouvriers. (V. ci-dessus n° 240.) On a vu que les chefs d'atelier ne sont pas soumis au livret, et c'est pourquoi, sans doute, le nouveau projet de loi *sur les livrets* ne touche point au règlement dont il s'agit.

4° Bien que les dispositions relatives à ce règlement soient écrites dans la loi du 18 mars 1806, qui a créé l'institution des Prud'hommes, et plus spécialement pour les fabriques de soieries de Lyon, où se trouve le plus grand nombre de *chefs d'atelier*, nous avons dit, n° 24, qu'il existe ailleurs des ouvriers du même genre, et pour d'autres industries, notamment à Paris. Elles sont d'une application générale sous ce rapport.

5° Enfin, elles ne dérogent pas aux principes ordinaires sur le louage d'ouvrage et d'industrie, quant au mode de confection de l'ouvrage, et aux conditions générales du contrat. Ces principes, que nous avons exposés, obligent les fabricants et les chefs d'atelier entre eux, de même qu'ils obligent ceux-ci et les ouvriers qu'ils emploient pour leur compte.

Or, l'article 20 de la loi de 1806 est ainsi conçu :

Tous les chefs d'atelier actuellement établis, ainsi que ceux qui s'établiront à l'avenir, seront tenus de se pourvoir, au Conseil de Prud'hommes, d'un double livre d'acquit pour chacun des métiers qu'ils feront travailler, dans la quinzaine à dater du jour de la publication pour ceux qui travaillent, et dans la huitaine du jour où commenceront à travailler ceux qu'ils monteront à neuf.

Sur ce livret d'acquit, paraphé et numéroté, et qui ne pourra leur être refusé, lors même qu'ils n'auraient qu'un métier, seront inscrits leurs noms, prénoms et domiciles par le chef d'atelier.

262. Le livre d'acquit est imprimé, comme le livret d'ouvrier. Il doit l'être aux frais de l'administration municipale, et non de l'Etat, puisqu'elle est chargée par la loi des dépenses nécessaires pour l'entretien des Conseils de Prud'hommes, et qu'il se rattache à cette institution. Il est dressé sur un modèle uniforme que donnent les Conseils. (V. notre *Comp.*, n° 539.)

263. Le livre d'acquit étant affecté à chaque métier plutôt qu'à la personne du chef d'atelier, il en résulte que ce dernier doit prendre autant de livres qu'il a de métiers, et que chaque livre doit contenir la désignation *spéciale* du métier qui lui est propre. Chaque livre lui est remis en double et *gratis*.

Art. 21. Il sera tenu, au Conseil de Prud'hommes, un registre sur lequel lesdits livres d'acquit seront inscrits; le chef d'atelier signera, s'il le sait, sur le registre et sur le livre d'acquit qui lui sera délivré.

264. (V. notre *Compét.*, p. 332.) Si le chef d'atelier ne sait pas signer, il suffira que le secrétaire du Conseil en fasse mention sur le registre et le livre.

Si le secrétaire croit devoir vérifier auparavant l'identité du métier pour lequel le livre va être remis, nous pensons que le chef d'atelier ne peut pas refuser de lui représenter ce métier.

Art. 22. Le chef d'atelier déposera le livre d'acquit du métier qu'il destinera au négociant manufacturier, entre ses mains, et pourra, s'il le désire, en exiger un récépissé.

265. Le dépôt du livre d'acquit dans les mains du fabricant est obligé, parce qu'il doit former la garantie de son engagement avec le chef d'atelier, et des avances qu'il fait à celui-ci.

266. Pour ne pas surcharger le livre légal, les fabricants de Lyon ont adopté l'usage, bon à imiter, d'avoir un autre registre particulier, dit *compte-courant*, sur lequel ils inscrivent, pendant l'exécution de l'engagement, avec détail et jour par jour, les matières qu'ils lui confient, et les avances qu'ils lui remettent.

A Paris, les fabricants de châles qui n'ont pas encore leur Conseil de Prud'hommes, tiennent des écritures analogues. L'ouvrier est d'ailleurs muni d'un livret ordinaire qu'il dépose dans leurs mains.

267. Nous pensons que, pour l'exécution complète de la loi, il convient que les remises de matières et d'argent soient consignées, tout

à la fois, et sur le livre d'acquit ou compte-courant du fabricant, et sur le livre d'acquit ou tout autre conservé par l'ouvrier, afin que ce dernier, qui ne sait pas toujours lire, et n'a pas toujours le temps de vérifier de suite la mention portée sur le livre du fabricant, puisse en rentrant chez lui vérifier ou faire vérifier, avec son propre livre, l'exactitude du compte établi. Nous savons qu'il est résulté quelques abus de ce défaut de précaution. C'est en tout cas le moyen le plus sûr pour prévenir les difficultés.

Art. 23. Lorsqu'un chef d'atelier cessera de travailler pour un négociant, il sera tenu de faire noter sur le livre d'acquit, par ledit négociant, que le chef d'atelier a soldé son compte, ou, dans le cas contraire, la déclaration du négociant spécifiera la dette dudit chef d'atelier.

268. La note exigée par la loi se borne à cette simple énonciation : Le chef d'atelier *ne doit rien*, ou *doit tant* (en argent ou en matières). Elle est portée sur les deux doubles du livre, et signée par le fabricant : cette note indique virtuellement la cessation du travail.

269. Si celui-ci reste créancier, il conserve son double. (V. ci-après l'art. 28.)

270. La note du solde débiteur ne fait foi contre l'ouvrier que lorsqu'il l'a acceptée. Cette acceptation nous paraît être suffisamment prouvée, s'il a repris son double annoté par le fabricant, sans élever de réclamation, sinon dans le moment même, au moins dans le temps qui lui est moralement nécessaire pour faire vérifier l'exactitude du solde. En cas de difficulté sur le compte à faire et sur le reliquat à noter, les Prud'hommes sont appelés à la décider.

Art. 24. Le négociant, possesseur du livre d'acquit, le fera viser aux autres négociants occupant des métiers dans le même atelier, qui énonceront la somme due par le chef d'atelier, dans le cas où il serait leur débiteur.

271. Le visa doit être demandé, aussitôt la remise du livre par le chef d'atelier. Il importe au fabricant qui va employer cet ouvrier de connaître de suite sa position, afin de régler en conséquence les avances qu'il serait dans le cas de lui faire sur ses façons, et de pouvoir se conformer à l'exécution de la disposition qui suit, en faveur des autres fabricants créanciers.

Art. 25. Lorsque le chef d'atelier restera débiteur du négociant manufacturier pour lequel il aura cessé de travailler, celui qui voudra lui donner de l'ouvrage fera la promesse de retenir la huitième partie du prix des façons dudit ouvrage, en faveur du négociant dont la créance sera la plus ancienne sur ledit registre, et ainsi successivement, dans le cas où le chef d'atelier aurait cessé de travailler pour ledit négociant, du consentement de ce dernier ou pour cause légitime. Dans le cas contraire, le négociant manufacturier qui voudra occuper le chef d'atelier, sera tenu de solder celui qui sera resté créancier en compte de matières, nonobstant toute dette antérieure, et le compte d'argent jusqu'à 500 francs.

272. Il résulte de cet article que, si le chef d'atelier cesse de travailler pour le fabricant créancier, *sans son consentement ou sans cause légitime*, un autre fabricant ne peut pas employer le chef d'atelier débiteur, à moins qu'il ne paye la dette suivant cette distinction importante, savoir : en totalité pour le compte en matières (*nonobstant toute dette antérieure en argent*), et jusqu'à concurrence de 500 fr. pour le compte en argent. La loi établit une sorte de privilége en faveur du compte en matières, parce que la dette des matières résulte d'un dépôt en quelque sorte nécessaire ou forcé, qui est confié par le fabricant à l'ouvrier pour son travail. (V. notre *Compét.*, n° 347.)

273. Les *causes légitimes* qui pourraient

amener la cessation du travail de la part de l'ouvrier débiteur, sont toutes celles qui l'autorisent à demander la résiliation du contrat de louage à façon. (V. ci-après nos 344 et suiv.)

274. Il conviendrait de procéder de la même manière, dans le cas où la résiliation serait prononcée sur la demande du négociant fabricant.

275. La disposition de l'art. 25 prévient un abus très-grave dans la fabrique : le détournement des ouvriers.

Art. 26. La date des dettes que les chefs d'atelier auront contractées avec les négociants qui les auraient occupés, sera regardée comme certaine vis-à-vis des négociants et maîtres d'atelier seulement, et à l'effet des dispositions portées au présent titre, après l'apurement des comptes, l'inscription de la déclaration sur le livre d'acquit et le *visa* du bureau des Prud'hommes.

276. On voit, par l'art. 25, combien la certitude de date est importante pour le payement des dettes entre fabricants, et c'est assez dire toute la diligence que chacun d'eux est tenu d'apporter dans l'accomplissement des formalités prescrites. Ces formalités ont lieu sans enregistrement ni frais. (V. notre *Compét.*, nos 348 et suiv. sur le droit des créanciers non fabricants.) Le chef d'atelier ne doit pas être appelé

au visa; si cependant il s'y oppose, ou s'il élève quelque difficulté, les Prud'hommes statuent.

277. Le visa peut être délivré par leur bureau particulier, lorsqu'il ne survient aucune difficulté.

278. Nous ne pensons pas que les autres fabricants doivent être appelés au règlement de compte qui se fait entre chacun d'eux et le chef d'atelier, sauf leur droit de critique, au besoin. Cette contestation serait encore portée devant les Prud'hommes, dans le cas où le chef d'atelier devrait y être appelé.

Art. 27. Lorsqu'un négociant manufacturier aura donné de l'ouvrage à un chef d'atelier dépourvu de livre d'acquit pour le métier que le négociant voudra occuper, il sera condamné à payer comptant tout ce que ledit chef d'atelier pourrait devoir en compte de matières, et en compte d'argent jusqu'à 500 francs.

279. Cette disposition, qui complète celle de l'art. 25, tend aussi à empêcher le détournement des ouvriers chefs d'atelier (1).

Art. 28. Les déclarations ci-dessus prescrites seront portées par le négociant manufacturier sur le livret d'acquit resté entre les mains du chef d'atelier comme sur le sien.

(1) Voir notre observation, art. 23.

280. Les déclarations peuvent être écrites par lui ou par son commis.

§ 3.

DU TRAVAIL DES ENFANTS DANS LES MANUFACTURES, USINES ET ATELIERS.

281. C'est la nouvelle loi du 24 mars 1841 qui l'a réglementé.

A ne voir que son titre et son article premier, on pourrait croire qu'elle ne concerne que certaines fabriques ; elle s'applique, au contraire, et devait s'appliquer à tous les genres d'industries.

Elle contient plutôt une espèce de règlement intérieur et de police sur la direction hygiénique et morale des enfants, qu'elle ne règle les principes généraux du contrat de louage intervenant entre eux et les chefs d'établissement. C'est pourquoi les principes dont nous nous occupons, les obligent les uns et les autres, indépendamment des dispositions de la loi spéciale. Nous en dirons autant pour les règles qui gouvernent le contrat d'apprentissage, s'il s'agit d'enfants apprentis, et nous renverrons à notre petit Traité sur ce sujet.

282. Toutefois, il est d'autant plus indis-

pensable d'expliquer les dispositions de la loi de 1841, qu'elle introduit en France un régime nouveau, et qu'elle éprouve des difficultés assez graves dans l'exécution. Les critiques ne doivent plus être reproduites, alors même qu'elles auraient été fondées. La loi existant, il faut la faire exécuter, il faut lui obéir. Mais elle ne mérite pas les reproches qui lui ont été adressés (1). Elle est fondée sur un principe éminemment humain et progressif; elle aura dans un avenir prochain les plus heureux résultats, parce que le temps et l'expérience amèneront les améliorations.

(1) On a prétendu, à tort, qu'elle portait atteinte à la puissance paternelle et à la liberté de l'industrie. Si le législateur peut interdire et réprimer les mauvais traitements des pères envers leurs enfants; s'il peut modifier et régler l'exercice des actes de l'industrie, préjudiciables à la propriété d'autrui, comment lui contesterait-on, avec justice, le droit de veiller à la santé et à l'éducation de jeunes ouvriers qu'un travail excessif et désordonné peut irréparablement compromettre? Comment reculerait-on, en France, devant un régime que d'autres nations se sont empressées d'accepter?—Rendons justice aux ouvriers, ce n'est pas de leur côté qu'est venue la résistance. — (Voir le Rapport de M. Renouard à la Chambre des députés, où les deux objections ont été parfaitement réfutées.)

Si l'on veut connaître le résumé de la discussion des Chambres sur notre loi, on consultera la Collection de Duvergier, volume 1841, n°s 33 et suivants.

La Prusse, l'Autriche et la Suisse, ainsi que l'avait fait l'Angleterre, ont décrété une loi sur le travail des enfants.

Art. 1er. Les enfants ne pourront être employés que sous les conditions déterminées par la présente loi : 1° Dans les manufactures, usines et ateliers à moteur mécanique ou à feu continu, et dans leurs dépendances : 2° dans toute fabrique occupant plus de vingt ouvriers réunis en atelier.

283. Lorsque la loi parle des enfants, en général, elle comprend les apprentis, comme les enfants ouvriers. Il est rare que les gros fabricants aient des apprentis; mais si les fabricants y consentent, les ouvriers qui travaillent dans leurs ateliers peuvent avoir des apprentis pour leur propre compte.

284. Les deux restrictions que la loi met à son applicabilité ne sont point absolues. On verra, en effet, dans l'art. 7, que le régime de la loi peut être étendu, par un règlement d'administration publique, à *toutes espèces d'usines*, c'est-à-dire d'industries, bien qu'elles occupent moins de vingt ouvriers. Cette double prévision était nécessaire, et déjà l'opinion l'a confirmée. On reconnaît qu'il y a urgence de formuler l'extension réservée par la loi. Le danger du travail n'est pas seulement causé par tel ou tel système de fabrication, il résulte surtout d'une durée excessive dans le travail. D'autre part, il est certain que de graves

abus se commettent dans les petits ateliers, où l'intérêt privé du chef d'établissement est plus surexcité et moins surveillé tout à la fois. Cependant aucuns règlements n'ont eu lieu jusqu'ici; on assure qu'ils vont être soumis au Conseil-d'État; il est temps, après quatre ans, que l'administration prenne un parti.

285. *Par fabrique*, dont il est question sous le n° 2, il convient d'entendre toute espèce d'atelier, avec ou sans moteur.

Art. 2. Les enfants devront, pour être admis, avoir au moins huit ans.

De huit à douze ans, ils ne pourront être employés au travail effectif plus de huit heures sur vingt-quatre, divisées par un repos ;

De douze à seize ans, ils ne pourront être employés au travail effectif plus de douze heures sur vingt-quatre, divisées par des repos.

Ce travail ne pourra avoir lieu que de cinq heures du matin à neuf heures du soir.

L'âge des enfants sera constaté par un certificat délivré, sur papier non timbré et sans frais, par l'officier de l'état civil.

286. Nous reproduisons l'observation faite dans notre *Contrat d'Apprentissage*, n° 171, c'est qu'il ne devrait pas être permis de lier un enfant au-dessous de onze ans, par un contrat

d'apprentissage, dans une grande fabrique moins qu'ailleurs.

287. L'heure du repos n'est pas indiquée par l'art. 2; il convient d'adopter, autant que possible, celle qui est usitée dans les ateliers du même genre pour les hommes ouvriers.

288. Le travail, circonscrit dans les heures énoncées par la loi, est réputé travail *de jour;* elle va bien loin pour les enfants, disons-le, car les travaux de jour dépassent 8, et quelquefois 9 heures du soir, pour les autres ouvriers.

289. Une difficulté non moins sérieuse, c'est que l'exécution de la loi amène, entre le travail des enfants ouvriers et celui des hommes ouvriers, une inégalité de temps qui embarrasse la marche de l'atelier. Dans toutes les fabriques de tissus, et les filatures, notamment, chaque ouvrier a besoin, pour travailler, de l'aide d'un enfant, lanceur ou rattacheur, et lorsque celui-ci quitte l'ouvrage, le métier peut se trouver arrêté. On a essayé de pourvoir à cet inconvénient, en remplaçant l'enfant sorti par un autre enfant, c'est-à-dire par une espèce *de relai*, selon l'expression des fabriques (1); mais le

(1) Dans les forges, il s'opère des remplacements qu'on appelle

nombre des enfants devient insuffisant dans quelques localités. Est-ce là une raison plus plausible pour sacrifier à l'intérêt des producteurs la santé de ceux qu'ils emploient? Non, certes. — Les règlements sont appelés à lever tous les obstacles.

290. Nous pensons que la constatation de l'âge peut s'établir par l'acte de naissance de l'enfant, à plus forte raison, s'il convient aux père et mère de le produire.

291. La loi ne statue que pour les enfants au-dessous de seize ans. Après cet âge, elle les répute ouvriers, hommes faits. Comme elle a été décrétée dans leur intérêt, nous sommes portés à croire que l'âge de seize ans doit être accompli.

Art. 3. Tout travail entre neuf heures du soir et cinq heures du matin est considéré comme travail de nuit. Tout travail de nuit est interdit pour les enfants au-dessous de treize ans. Si la conséquence du chômage d'un moteur hydraulique, ou des réparations urgentes l'exigent, les enfants au-dessous de treize ans pourront travailler la nuit, en comptant deux heures pour trois, entre neuf heures du soir et cinq heures du matin. Un travail de nuit des enfants ayant plus de

tournées, même entre les hommes ouvriers, pour les travaux les plus pénibles.

treize ans, pareillement supputé, sera toléré, s'il est reconnu indispensable, dans les établissements à feu continu dont la marche ne peut pas être suspendue pendant le cours de vingt-quatre heures.

292. En autorisant le travail *de nuit* en certains cas, la loi ne désigne pas les *réparations urgentes* dont elle veut parler. Elle ne limite pas non plus le nombre de nuits pendant lesquelles le travail est permis. Elle s'en réfère encore sur ces points aux règlements d'administration publique. Il est indispensable que cette autre lacune soit immédiatement remplie. Un enfant au-dessus de treize ans peut, à la rigueur, passer deux nuits de suite à de longs intervalles; au-delà, il y aurait péril pour sa santé.

293. Les réparations urgentes dont il s'agit doivent, pour motiver l'exception de la loi, être de telle nature qu'elles produisent le même effet que le chômage du moteur.

Art. 4. Les enfants au-dessous de seize ans ne pourront être employés les dimanches et jours de fêtes reconnus par la loi (1).

294. Cette disposition est aussi morale qu'u-

(1) La loi du 18 novembre 1814 n'interdit, ces jours-là, que les actes *extérieurs* de commerce et de travail.

tile, puisqu'elle a pour objet de leur assurer le temps de prendre du repos et de vaquer à leurs devoirs de famille et de religion. Il y a pourtant certaines obligations que l'enfant a coutume de remplir les dimanches et fêtes, dans la matinée, jusqu'à dix heures ou midi au plus tard. On les exige ordinairement de l'apprenti (V. notre *Contrat d'Apprentissage*, n° 67), et, avec plus de motifs, il doit être permis de les demander à l'enfant ouvrier qui est payé pour cela. Je veux parler du rangement de l'atelier, du nettoyage des outils, etc.; il lui restera le temps suffisant pour profiter du bénéfice de la loi. C'est, dans cette pensée, qu'elle a donné au règlement le pouvoir de statuer sur les travaux *jugés indispensables*. (Art. 5, n° 7.)

295. Quelques fabricants soumis au régime actuel de la loi sur l'observation du dimanche, parce qu'ils emploient vingt ouvriers, se plaignent, avec raison, qu'elle les expose à une concurrence fâcheuse de la part des fabricants qui, occupant moins d'ouvriers, n'y sont pas encore assujétis par les règlements.

296. Par enfant au-dessous de seize ans, nous répétons que la loi désigne les enfants âgés de seize ans révolus. (V. ci-dessus art. 2.)

Art. 5. Nul enfant âgé de moins de douze ans ne pourra être admis qu'autant que ses parents ou tuteurs justifieront qu'il fréquente actuellement une des écoles publiques ou privées existant dans la localité. Tout enfant admis devra, jusqu'à l'âge de douze ans, suivre une école.

Les enfants âgés de plus de douze ans seront dispensés de suivre une école, lorsqu'un certificat, donné par le maire de leur résidence, attestera qu'ils ont reçu l'instruction primaire élémentaire.

297. La première disposition de la loi est fondée sur un principe libéral, dont l'application ne cause d'ailleurs aucune gêne aux père et mère, puisqu'il existe dans beaucoup de communes, et même dans quelques grandes fabriques, des écoles qui reçoivent les enfants gratuitement (1) ou pour une rétribution très-modique. — Elle n'exige pas qu'ils soient allés à l'école, elle veut seulement qu'ils y aillent.

298. La loi n'a pas cru devoir imposer aux enfants, âgés de plus de douze ans, l'obligation de suivre les écoles d'adultes qui, dans certaines villes manufacturières, ont été instituées pour les enfants âgés de quinze ans ; mais le devoir des chefs d'établissement et des inspecteurs

(1) Nous citerons la belle fabrique de MM. J.-Ch. Davillier et Cie, à Gisors.

est d'engager les jeunes ouvriers à suivre ces écoles, dont l'expérience, faite à Paris depuis plusieurs années, a démontré les précieux résultats. (V. notre *Contrat d'Apprentissage*, n° 96.)

299. L'article ne dit rien de l'éducation religieuse; il remet au règlement le soin de la régler. (Art. 8, n° 3.)

Art. 6. Les maires seront tenus de délivrer au père, à la mère ou au tuteur, un livret sur lequel seront portés l'âge, le nom, les prénoms, le lieu de naissance et le domicile de l'enfant, et le temps pendant lequel il aurait suivi l'enseignement primaire.

Les chefs d'établissement inscriront :

1° Sur le livret de chaque enfant, la date de son entrée dans l'établissement, et de sa sortie ;

2° Sur un registre spécial, toutes les indications mentionnées au présent article.

300. Il est à remarquer qu'à la différence de ce qui a lieu pour le livret de l'ouvrier, la loi ne permet pas au chef d'établissement d'inscrire sur le livret de l'enfant les sommes que cet enfant pourrait lui devoir, à la sortie de l'usine ou de l'atelier, et qu'elle ne demande pas non plus qu'il y mentionne le congé d'acquit. (V. ci-dessus n° 254.) Nous pensons que c'est là une double omission à regretter ; car, il importe à l'enfant lui-même, s'il veut se placer ailleurs, que les deux mentions soient consignées sur le livret. Le maître devrait y trouver aussi sa propre garantie.

Art. 7. Des règlements d'administration publique pourront :

1° Étendre à des manufactures, usines ou ateliers, autres que ceux qui sont mentionnés dans l'article 1er, l'application des dispositions de la présente loi ;

2° Élever le minimum de l'âge et réduire la durée du travail déterminés dans les articles deuxième et troisième, à l'égard des genres d'industries où le labeur des enfants excèderait leurs forces et compromettrait leur santé ;

3° Déterminer les fabriques où, pour cause de danger ou d'insalubrité, les enfants au-dessous de seize ans ne pourront point être employés ;

4° Interdire aux enfants, dans les ateliers où ils sont admis, certains genres de travaux dangereux ou nuisibles ;

5° Statuer sur les travaux indispensables à tolérer de la part des enfants, les dimanches et fêtes, dans les usines à feu continu ;

6° Statuer sur les cas de travail de nuit prévus par l'article troisième.

301. *Le règlement d'administration publique* est un acte du gouvernement, délibéré en Conseil d'État (tous les comités réunis), et sanctionné par le Roi.

302. L'objet des règlements promis par la loi justifie ce que nous avons dit plus haut sur l'urgence de les faire, en les appropriant à

chaque localité et à chaque industrie. La nature de la fabrique, le système du moteur, l'influence du climat, et le nombre des enfants que présente la population du pays, sont des considérations essentielles à consulter. Le gouvernement ne saurait, dans une matière si délicate, s'entourer de trop de renseignements; il ne doit pas dédaigner d'interroger les hommes spéciaux, c'est-à-dire les hommes d'industrie. Si la routine ou l'intérêt privé les trompe quelquefois, on finit par trouver la vérité dans leur réponse; on ne peut la trouver que là. Nous renvoyons, d'ailleurs, aux observations déduites sur les articles précédents.

303. La loi laisse au système réglementaire une bien grande latitude, et la critique s'est encore exercée sur ce point. — Mais il aurait été difficile pour le législateur d'établir des prescriptions certaines dans une matière toute neuve et toute pratique.

304. La rédaction des art. 7 et 8 semble, par les expressions *pourront* et *devront*, dont la signification offre deux idées différentes, rendre facultatives les dispositions du règlement ordonné par le premier de ces deux arti-

cles, et impératives, celles du règlement exigé par le second. Nous croyons que l'interprétation de l'article, prise dans un sens absolu, serait contraire à l'esprit de la loi, parce que le plus grand nombre des dispositions réglementaires, commandées par l'article 7, présentent une incontestable nécessité.

Art. 8. Des règlements d'administration publique devront :

1° Pourvoir aux mesures nécessaires à l'exécution de la présente loi ;

2° Assurer le maintien des bonnes mœurs et de la décence publique dans les ateliers, usines et manufactures ;

3° Assurer l'instruction primaire et l'enseignement religieux des enfants ;

4° Empêcher, à l'égard des enfants, tout mauvais traitement et tout châtiment abusif ;

5° Assurer les conditions de salubrité et de sûreté nécessaires à la vie et à la santé des enfants.

305. L'objet de cet article suffirait pour attester l'éminente utilité de la loi : il en résume l'esprit tout entier. Dans notre *Contrat d'Apprentissage*, nous avons exposé les obligations que le maître doit remplir vis-à-vis de l'apprenti, sous le double rapport, moral et sanitaire. Celles du chef d'établissement envers l'enfant ou-

vrier sont moins étroites, sans contredit, parce que le contrat de louage ne lui confère pas, sur ce dernier, l'espèce de tutelle que l'apprentissage confère au maître vis-à-vis de l'apprenti; mais, la loi ayant interposé son autorité entre le chef d'établissement et l'enfant ouvrier, par des motifs d'ordre public, il nous paraît juste d'assimiler l'exécution de l'un et de l'autre contrat dans de certaines limites : c'est pourquoi nous exprimons ici le vœu que le règlement adopte les prescriptions réciproques dont nous avons puisé le principe dans les usages et les besoins de l'industrie. (V. notre *Contrat d'Apprentissage*, n°s 82 et suiv.)

306. Le moyen le plus sûr pour maintenir dans les ateliers les bonnes mœurs et la décence publique, serait la séparation complète des deux sexes. S'il présente, nous le reconnaissons, des difficultés peut-être insolubles dans les grandes usines, soit à cause du système des métiers ou machines, soit à cause de l'insuffisance des enfants, on ferait sagement, au moins, d'exiger la séparation, toutes les fois qu'elle est possible. Il serait encore utile de prescrire des heures différentes de sortie pour

les garçons et les filles (1), et cette mesure offre moins d'embarras.

Art. 9. Les chefs des établissements devront faire afficher dans chaque atelier, avec la présente loi, et les règlements d'administration publique qui y sont relatifs, les règlements intérieurs qu'ils seront tenus de faire pour en assurer l'exécution.

307. La loi n'exige pas que les règlements intérieurs qui devront être faits par les chefs d'établissement, soient soumis à l'autorité et approuvés par elle. Elle ne dit pas quelle force obligatoire auront ces règlements vis-à-vis des ouvriers. Ils resteront, par conséquent, pour toutes leurs dispositions étrangères à ces actes légaux, sans autre valeur que celle qui appartient aux règlements particuliers, adoptés aujourd'hui dans certaines fabriques. (V. plus haut n° 112.)

Art. 10. Le gouvernement établira des inspections pour surveiller et assurer l'exécution de la présente loi. Les inspecteurs pourront, dans chaque établissement, se faire représenter les registres relatifs à l'exécution de la présente loi, les règlements intérieurs, les livrets des enfants et les enfants eux-mêmes ; ils pourront se

(1) M. le docteur Villermé, *État physique et moral des ouvriers*.

faire accompagner par un médecin commis par le préfet ou le sous-préfet.

308. Jusqu'à présent, il n'a été institué d'inspecteurs que dans une partie des départements, et ce retard fâcheux ne peut s'expliquer que par la difficulté d'exécution.

309. Les inspecteurs exercent leurs fonctions gratuitement d'après la loi. L'administration a reconnu le vice de ce système, dont le principe était louable, puisqu'il épargnait des frais assez considérables au trésor, et elle a chargé, en quelques pays, les vérificateurs des poids et mesures, salariés à ce titre, de faire les inspections (1). Mais nous sommes autorisés à penser, d'après des informations prises, que ces employés, dont le zèle n'est pas mis en doute, n'ont ni l'aptitude ni surtout l'influence désirables pour obtenir de bons résultats.

310. Il n'y a, suivant nous, que l'un de ces deux partis à prendre :

Si l'on persiste à vouloir que les fonctions soient gratuites, il faut les confier aux Prud'hommes, ainsi que nous l'avions demandé

(1) Voir le Rapport présenté par M. le ministre du commerce, au roi, le au mois de juillet 1845.

avant la confection de la loi (1), car ils sont plus à portée que tous autres de s'acquitter de cette mission délicate, et ils ont un caractère public ; ou bien, il faut rétribuer des inspecteurs spéciaux en aussi grand nombre que le commandera le besoin du service. Ce qui démontre la nécessité de cette alternative mieux que tous les raisonnements, c'est un fait acquis : depuis les quatre années qui ont suivi la publication de la loi, huit ou neuf procès-verbaux, seulement, ont été rédigés par les inspecteurs nommés à Paris !

311. Les inspecteurs peuvent se présenter à toute heure dans les ateliers.

Art. 11. En cas de contravention, les inspecteurs dresseront les procès-verbaux, qui feront foi jusqu'à preuve contraire.

312. Et non jusqu'à inscription de faux. (V. l'art. suivant.)

Ce n'est pas non plus le zèle ni l'aptitude qui manquent aux inspecteurs gratuits choisis par M. le ministre du commerce avec le discernement qui lui appartient ; il leur répugne

(1) Voir notre *Compétence, appendice*, p. 449. C'est aussi l'avis de M. le préfet de la Seine. (V. son discours lors de l'installation du Conseil de Prud'hommes pour les métaux, à Paris, le 11 mars 1845.

de dresser des actes qui sont le prélude d'une poursuite quasi-criminelle.

313. Les contraventions peuvent aussi être constatées par les officiers de police judiciaire, conformément au droit commun auquel la loi ne déroge pas, quant à eux.

Art. 12. En cas de contravention à la présente loi ou aux règlements d'administration publique rendus pour son exécution, les propriétaires ou exploitants des établissements seront traduits devant le juge de paix du canton, et punis d'une amende de simple police, qui ne pourra excéder quinze francs.

Les contraventions qui résulteront, soit de l'admission d'enfants au-dessous de l'âge, soit de l'excès de travail, donneront lieu à autant d'amendes qu'il y aura d'enfants indûment admis ou employés, sans que ces amendes réunies puissent s'élever au-dessus de deux cents francs.

S'il y a récidive, les propriétaires ou exploitants des établissements seront traduits devant le tribunal de police correctionnelle, et condamnés à une amende de 16 à 100 francs. Dans les cas prévus par le paragraphe second du présent article, les amendes réunies ne pourront jamais excéder 500 francs.

Il y aura récidive lorsqu'il aura été rendu contre le contrevenant, dans les douze mois précédents, un premier jugement pour contravention à la présente loi, ou aux règlements d'administration publique qu'elle autorise.

314. L'exploitant, que la loi place sur la

même ligne que le propriétaire de l'établissement, est celui qui l'exploite comme locataire. Du reste, soit que l'un ou l'autre ait un directeur, chef d'atelier ou contre-maître, il n'en reste pas moins passible personnellement des contraventions, à moins qu'il ne les ait ignorées : si, par exemple, elles ont été commises *en son absence*. Dans ce cas, elles retombent sur le gérant, parce qu'il en est l'auteur.

315. S'il y a lieu à réparer un préjudice causé, le propriétaire ou l'exploitant est toujours responsable du fait de son préposé, selon le principe du droit civil. (Art. 1382 et 1383 Code civil.)

316. La faculté d'appeler du jugement de condamnation, rendu par le tribunal de simple police ou celui de police correctionnelle, est réglée par les art. 172, 202 et suivants du Code d'instruction criminelle.

317. Les parents des enfants ne sont point frappés par la pénalité de la loi.

TITRE VII.

DES DIVERSES MANIÈRES DONT FINIT LE CONTRAT.

---

318. Le louage d'ouvrage et d'industrie, ainsi que le contrat d'apprentissage, finit de deux manières : de plein droit, ou par l'effet d'une résolution judiciaire.

SECTION PREMIÈRE.

319. Il finit de plein droit :

S'il est à temps, — par l'expiration du temps fixé, entre les parties, expressément ou tacitement, pour la durée de l'engagement. (V. plus haut nos 85 et suiv.)

S'il est à façon, — par l'achèvement et la livraison de l'ouvrage entrepris.

320. L'expiration du délai convenu pour la façon n'entraîne pas la résiliation de droit ; il peut être pour le maître, selon les circonstances, un motif de la demander par la voie judiciaire. (V. ci-après nos 336 et 342.)

321. Soit qu'il s'agisse d'un louage à temps ou à façon, ce contrat finit encore de plein droit :

322. 1° Par le consentement mutuel des deux parties ou de leurs représentants légaux. (V. ci-dessus nos 44 et suiv.) Dans ce cas, il est évident que la résolution a lieu, même avant l'expiration du temps stipulé, ou l'achèvement de l'ouvrage entrepris, avec ou sans dommages-intérêts, selon qu'elles en conviennent.

323. 2° Par la mort de l'ouvrier ; — c'est ce que porte l'art. 1795 du Code civil pour le louage à façon, et il y a raison plus forte de le décider ainsi à l'égard du louage à temps.

324. Toutefois, le maître est tenu de payer à la succession la valeur du temps employé, et de l'ouvrage fait, s'il peut profiter des services et des travaux exécutés. (Argument de l'article 1796.) On ne doit pas s'enrichir aux dépens d'autrui.

325. En aucune circonstance, la succession n'est obligée de payer des dommages-intérêts, s'il n'y a point eu faute de l'ouvrier avant son décès.

326. Nous ne pensons pas qu'elle ait droit

de forcer le maître à accepter les services ou les travaux d'un autre ouvrier pour l'achèvement du temps et de l'ouvrage convenus, l'ouvrier proposé fût-il l'héritier lui-même. La considération de la personne et du talent du défunt a pu être, pour le maître, la raison déterminante du contrat. (V. ci-dessus n° 147.)

327. La mort de celui-ci n'est point une cause de résiliation.

328. 3° Par un cas fortuit ou de force majeure, — tel qu'un incendie, une inondation, etc., qui rendrait impossible la continuation des travaux. (Argum. de l'art. 1148.)

329. 4° Par l'appel de l'ouvrier ou du maître au service militaire, — qui est lui-même un cas de force majeure. (Loi du 1er complémentaire an XII.) Il en serait autrement d'un engagement tout-à-fait volontaire.

330. 5° Le contrat peut finir même avant l'achèvement de l'ouvrage, par la seule volonté du maître ; c'est ce qui résulte de l'art. 1794, portant : « Le maître peut résilier, par sa seule » volonté, le marché à forfait, quoique l'ouvrage » soit déjà commencé, en dédommageant l'en- » trepreneur (ou l'ouvrier) de toutes ses dé- » penses, de tous ses travaux, et de tout ce

» qu'il aurait pu gagner dans cette entre-
» prise. »

331. L'indemnité ne saurait, suivant nous, dépasser le prix convenu pour le temps ou la façon, ce prix comprenant tout ce qui est dû à l'ouvrier pour ses dépenses et bénéfices. Elle ne doit pas non plus être moindre, parce que la loi suppose, par une fiction, le temps totalement employé, l'ouvrage totalement achevé.

On comprend que l'indemnité n'est due à l'ouvrier qu'autant qu'il n'a pas donné lieu à la rupture du contrat par un fait qui lui soit imputable. Nous citerons l'exemple d'un ouvrier qui, travaillant dans la maison du maître, aurait insulté sa domestique ou quelqu'un de sa famille. La loi statue pour l'hypothèse où la résiliation est motivée par le fait *seul* du maître.

332. L'héritier du maître a le même droit que lui. S'il y a plusieurs héritiers, et qu'ils ne soient point d'accord pour rompre le contrat, le juge statue sur l'opportunité de la résiliation.

333. La loi n'accorde point la réciprocité du droit de résiliation volontaire à l'ouvrier.

334. Cependant, comme il est de principe, à l'égard des actes *personnels*, que nul ne sau-

rait être contraint par la force à faire ce qu'il ne veut pas faire, l'ouvrier pourrait se refuser à exécuter le contrat, par le seul effet de son caprice ; mais alors le maître ou ses héritiers seraient fondés à demander contre lui des dommages-intérêts que le juge allouerait et apprécierait plus sévèrement, en raison de la mauvaise foi de l'inexécutant.

SECTION DEUXIÈME.

335. La résolution du contrat de louage d'ouvrage et d'industrie est prononcée sur la demande de l'une des parties (1), lorsque l'autre partie n'exécute pas ses obligations. Telle est la conséquence du principe général commun à tous les contrats synallagmatiques, et toujours sous-entendu, lorsqu'il n'y est point exprimé. (Art. 1184 du Code civil.)

336. Le juge est maître, dans cette matière surtout, d'apprécier la gravité des griefs articulés par le réclamant, de prononcer ou de refuser la résolution demandée, et même d'ac-

(1) Nous dirons, n° 356, qu'elle peut demander l'exécution du contrat, si elle a plus d'intérêt à cette exécution.

corder un délai pour l'exécution, selon les diverses circonstances de la cause, qu'il doit soigneusement vérifier. (Même art.)

Il statue d'après sa conscience et l'équité; il fait l'office d'un jury.

336 *bis*. Cependant il n'aurait pas le droit d'accorder un délai pour l'exécution du louage si, d'après la convention, un terme fatal avait été fixé entre les parties, ou si la livraison tardive de l'ouvrage devait préjudicier au maître : il faudrait du moins que ce dernier fût indemnisé.

337. Il est impossible de prévoir tous les cas de résiliation, parce qu'ils varient à l'infini. Ils résultent, sous diverses formes, de la violation des obligations respectives précédemment exposées. Nous nous contenterons de signaler les cas principaux pour exemples, et de poser CETTE RÈGLE, qui s'applique à tous les cas de résiliation, dans l'un et l'autre louage : « Pour que le fait articulé soit de nature à entraîner la résiliation, il faut que, par ses conséquences, il compromette *irréparablement* l'exécution du contrat. »

Nous indiquerons, en terminant, les conséquences de la résiliation.

§ 1er.

338. La résiliation judiciaire peut être sollicitée par le maître (1);

I. *Dans le louage à temps*.

339. Si l'ouvrier refuse d'exécuter les ordres donnés;

S'il déserte son ouvrage;

S'il emploie mal son temps;

S'il n'a pas la capacité ou le soin nécessaire pour exécuter le travail convenu;

S'il manque de respect au maître ou à quelqu'un de sa famille ou de sa maison;

S'il se porte envers lui à des voies de fait, ou commet des infidélités à son préjudice.

S'il cause du trouble et du désordre dans l'atelier;

340. Ces trois derniers actes constitueraient même des contraventions, des délits ou des crimes, selon leur gravité, et pourraient entraîner contre l'ouvrier des poursuites et des

(1) Sans préjudice du cas où il y a défaut ou invalidité de son consentement. (V. ci-dessus n° 60.)

peines corporelles. (V. ci-après n°s 361 et suiv.)

II. *Dans le louage à façon :*

341. Par suite de l'assimilation que nous avons établie entre les ouvriers à temps ou à la journée, et les ouvriers à tâche ou à la pièce, *travaillant dans l'atelier du maître* (V. ci-dessus n° 186), nous dirons que les mêmes causes de résiliation sont invocables par le maître contre ces derniers en tout ce qui touche aux rapports personnels. En consentant à travailler dans l'atelier du maître, ils se soumettent, en effet, à sa surveillance, à ses observations, à ses ordres; il ne leur est pas permis, en perdant du temps ou en troublant l'atelier, d'y conserver une place qui serait plus utilement occupée par d'autres.

342. Quant à la confection de l'ouvrage convenu, le motif de résiliation que peut invoquer le maître contre tous les ouvriers à façon, soit qu'ils travaillent chez lui ou dans leur domicile propre, consiste dans l'un de ces griefs dont le juge apprécie la gravité :

Incapacité pratique reconnue;

Non-confectionnement de l'ouvrage dans le délai déterminé (1);

Détérioration des matières fournies pour la fabrication (V. n° 173);

Détournement de ces matières (V. ci-dessus n° 203);

Malfaçon de l'ouvrage (V. ci-dessus n° 172);

342 *bis*. La règle que nous avons indiquée ci-dessus, n° 337, s'applique ici.

§ 2.

343. L'ouvrier est fondé à demander la résiliation du contrat (2),

I. *Dans le louage à temps :*

344. Lorsque le maître ne lui paye pas le prix de son travail;

Lorsqu'il ne lui fournit pas les outils obligés, ou lui en remet qui sont dangereux ou impropres;

Lorsqu'il le place dans un atelier insalubre, à raison de la situation ou de la disposition

(1) Sauf l'observation ci-dessus n° 320.

(2) Sans préjudice du cas d'absence ou d'invalidité du consentement par lui donné. (V. ci-dessus n° 60.)

des lieux; à raison du trop grand nombre d'ouvriers, ou pour toute autre cause;

Lorsqu'il n'a pas pour lui les égards et les ménagements usités et dus;

Lorsqu'il veut lui imposer un travail étranger à l'objet du louage, hors de proportion avec ses forces, ou dans les heures consacrées aux repas et au repos;

Lorsqu'il se permet des insultes et des voies de fait envers lui, acte qui peut aussi être une contravention, un délit ou un crime, selon la gravité des circonstances. (V. ci-après nos 361 et suiv.)

345. Il n'est pas besoin de dire que ces derniers griefs acquièrent d'autant plus de force aux yeux du juge, si la demande lui est présentée au nom d'une femme ou d'enfants, dont la faiblesse réclame une plus grande réserve de la part du chef de fabrique. (V. ci-dessus n° 34.)

II. *Dans le louage à façon :*

346. Quant aux rapports personnels, les causes de résiliation applicables en faveur des ouvriers à temps militent au profit des ouvriers à tâche ou à la pièce, travaillant *dans l'atelier*

du maître, et par la raison déjà donnée. (V. ci-dessus nº 186.)

347. Ces derniers ont de plus, ainsi que tous les autres ouvriers à façon, le droit de provoquer la résiliation du contrat pour les motifs suivants, qui tiennent à la confection de l'ouvrage:

Le non-payement du salaire;

La mauvaise qualité des matières fournies par le maître;

Le retard excessif apporté par lui dans la remise de ces matières;

Le refus qu'il ferait de maintenir toute la commande qu'il a donnée (1);

L'exigence de conditions ou perfectionnements non convenus pour la façon;

En un mot, toute infraction par lui commise sciemment aux conditions essentielles du contrat. (V. ci-dessus la règle nº 337.)

§ 3.

Conséquences de la résiliation.

348. Lorsque la résiliation a été prononcée

(1) Ce qui ne contredit pas la solution présentée dans l'espèce du nº 330.

au profit du maître ou de l'ouvrier, avec dommages-intérêts, ou bien, lorsque le juge, sans résilier le contrat, croit devoir se borner à en adjuger à la partie lésée, ces dommages-intérêts doivent être accordés d'après les principes qu'enseigne le Code civil. Les dispositions substantielles des art. 1146 et suivants se résument en quelques mots :

Les dommages-intérêts sont en général de la perte qu'a subie la partie lésée, et du gain dont elle a été privée (1149).

Pour l'appréciation des dommages-intérêts, il faut distinguer si l'inexécution du contrat provient seulement d'une faute, ou au contraire du dol ou de la mauvaise foi, c'est-à-dire d'un acte commis par malveillance ou intention de porter préjudice (1150).

Dans le cas même où il y a mauvaise foi, les dommages-intérêts ne doivent comprendre, à l'égard de la perte et de la privation du gain, que ce qui est une suite immédiate et directe de l'inexécution de la convention (1151). Exemple d'un cas de dol : Paul a chargé Pierre de lui façonner trente mouvements de pendules ou trente chaînes d'or. Celui-ci ne les lui a pas confectionnés, parce qu'il a travaillé pour favoriser la concurrence d'un autre fabricant, qui lui donnait une façon plus forte. Paul a le droit, en obtenant la résiliation du contrat de louage, de demander contre l'ouvrier, à titre de dommages-intérêts, le remboursement de la perte que le manquement au contrat lui a causée et le bénéfice qu'il aurait fait sur la vente des trente mouvements ou des trente chaînes. Mais il ne peut pas lui dire : Ces objets vendus m'auraient procuré l'occasion d'en vendre vingt de plus, payez-moi cet autre bénéfice dont j'ai été privé par une conséquence de votre mauvaise foi.

Le juge a la faculté de prononcer la contrainte par corps pour le payement des dommages-intérêts, pourvu qu'ils excèdent 200 francs en matière de commerce, et 300 francs en matière civile. Le jugement fixe la durée de l'emprisonnement, à peine de nullité. (V. la loi du 17 avril 1832.)

349. Les faits qui sont le résultat d'une force majeure ou d'un cas fortuit, ne donnent point lieu à dommages-intérêts (1146).

350. Dans le cas où la nullité du contrat est prononcée pour défaut ou invalidité de consentement, les principes ci-dessus relatifs à l'ap-

plication des dommages-intérêts seront observés, si une indemnité est due.

351. La nullité ne peut rétroagir sur le passé et l'effacer complètement, qu'autant qu'elle est radicale; si elle n'est que relative, le passé subsiste et peut produire des effets. Premier cas : un contrat de louage s'est formé pour l'impression de gravures obscènes; le maître ou l'ouvrier en pourra demander la nullité, sans indemnité de part ni d'autre, même après l'ouvrage fait. Deuxième cas : s'il s'agit d'un louage conclu avec une femme mariée, qui avait besoin de l'autorisation de son mari, l'ouvrage qu'elle aura fait et qui sera reçu ou recevable, devra être payé par le maître (1). La nullité est imputable à ce dernier, qui a négligé de vérifier la qualité de son ouvrière.

352. La même raison le rendrait non-recevable à réclamer contre elle une responsabilité (2), à moins que le fait de la femme ne constituât un délit.

353. Au reste, dans les diverses espèces, le juge se décidera surtout par l'équité.

(1) V. ci-dessus, n° 48, quand cette autorisation est nécessaire.

(2) Voir ci-dessus n°s 188 et 202.

353 *bis*. Lorsque la nullité du contrat est radicale, nous pensons même qu'il n'y a pas de répétition possible de la part du fabricant, soit de la matière qu'il a fournie, soit de tout ou partie du prix qu'il aurait payé à l'avance. La rigueur du droit veut ici qu'on repousse toute action dérivant de ces honteux marchés.

354. Lorsque le juge prononce la résiliation ou la nullité du louage contre le maître, il doit le condamner à remettre à l'ouvrier son livret, et ordonner que, sinon, le jugement en tiendra lieu à ce dernier. Il peut même condamner le maître à une indemnité, faute de remise, si le livret était précieux pour l'ouvrier à raison de l'importance des signatures d'acquit qu'il y avait reçues, et des bons témoignages en résultant pour lui. C'est la jurisprudence du Conseil des Prud'hommes de Rouen. Lorsqu'il n'est pas besoin de lever le jugement, ou en attendant cette levée, le secrétaire du Conseil est autorisé par lui à donner à l'ouvrier une autorisation provisoire de travail. (V. ci-dessus n° 255, à la note, le nouveau projet de loi.)

TITRE VIII.

ACTIONS ET JURIDICTION RELATIVES AU CONTRAT.

355. L'inexécution du contrat de louage d'ouvrage ou d'industrie donne ouverture à deux sortes d'actions; l'une civile, l'autre disciplinaire et de police (1).

SECTION PREMIÈRE.

ACTION CIVILE.

356. Elle appartient à la partie lésée, soit au maître, soit à l'ouvrier à façon ou à temps.

Il demande, à son choix, contre l'autre partie, ou l'exécution du contrat lorsqu'elle est possible, ou sa résolution, le tout avec dommages-intérêts (art. 1184). (V. n° 336.)

357. S'il existe un Conseil de Prud'hommes dans la localité, et que les parties soient com-

(1) Pour les développements, on peut consulter notre *Compétence*, et notre *Justice industrielle des Prud'hommes*.

prises sous sa juridiction par le règlement organique du Conseil, c'est devant lui que le demandeur doit porter sa réclamation; à défaut de Prud'hommes, il s'adresse au juge de paix du canton.

« Les Conseils de Prud'hommes, dit l'article » 1er du décret du 3 août 1810, sont autorisés à » juger toutes les contestations qui naissent » entre les marchands fabricants, *chefs d'ate-* » *lier*, *contre-maîtres*, *ouvriers*, *compagnons* et » apprentis, quelle que soit la quotité de la » somme dont elles seraient l'objet, aux termes » de l'article 23 de notre décret du 11 juin » 1809. »

L'art. 5, n° 3, de la loi du 25 mai 1838, est ainsi conçu : « Les juges de paix connaîtront » également, sans appel, jusqu'à la valeur de » 100 francs, et, à charge d'appel, à quelque » valeur que la demande puisse s'élever..... » 3° Des contestations relatives aux engage- » ments respectifs... *Des maîtres et de leurs* » *ouvriers* et apprentis, *sans néanmoins qu'il* » *soit dérogé aux lois et règlements relatifs à la* » *juridiction des Prud'hommes.* »

Cette dernière loi prouve, comme nous le disons, que la juridiction des Prud'hommes a la *priorité*. Avant tout, les parties doivent recourir à eux pour la conciliation, de même que pour le jugement, et les juges de paix sont tenus de s'abstenir. Ce principe vient d'être reconnu par M. le garde des sceaux, sur la demande du Conseil de Prud'hommes, institué à Paris pour les métaux, et suivant une circulaire du mois d'août 1845, adressée à MM. les juges de paix de cette capitale.

358. Lors même que les parties ne seraient pas justiciables du Conseil de Prud'hommes, nous les engageons à s'adresser à lui, ainsi qu'il arrive dans presque toutes les localités. Le Conseil ne fera pas difficulté de les entendre et, s'il n'a pas, dans ce cas, toute la spécialité technique, il a du moins l'expérience des mœurs industrielles, la connaissance personnelle des usages généraux, les notions suffisantes sur le plus grand nombre des questions tenant à l'industrie, le moyen facile de consulter les confrères de l'état.

359. Devant le juge de paix, les parties ne trouvent ni la même économie de frais (1), ni

(1) Le minimum des frais en justice de paix s'élève de 13 à 14 fr., à supposer qu'il n'y ait lieu à expertise ni jugement.

la même promptitude dans l'expédition des affaires, à raison des formalités attachées à sa juridiction (1).

360. Nous ne nous occuperons pas de la manière de procéder devant les Prud'hommes, toute simple qu'elle soit : nous renverrons à notre *Compétence*, où elle est exposée avec les explications nécessaires. (V. pag. 184 et suiv.)

Nous nous bornerons à dire que le réclamant a la facilité de se présenter au secrétariat du Conseil tous les jours, et qu'il y obtient l'autorisation de faire citer l'autre partie, *sur simple lettre*, à la plus prochaine séance, sauf le délai de vingt-quatre heures.

En cas d'urgence, les deux parties peuvent même aller volontairement et sans citation préalable, devant le bureau particulier qui tient, chaque jour, une séance de conci-

(1) Au surplus, dans un temps prochain, la juridiction des Prud'hommes devra être étendue *à toutes les industries*, sans distinction entre les fabriques, proprement dites, et les autres genres d'industries. L'usage repousse déjà cette distinction partout. Toutes les industries vont aux Prud'hommes, et lorsque le fait est presque passé en droit, la loi ne peut qu'intervenir pour consacrer le vœu général. Pourquoi, en effet, la juridiction des Prud'hommes ne serait-elle pas donnée aux maçons, aux charpentiers, etc., aussi bien qu'aux ouvriers tisserands, mécaniciens et autres ? Ses avantages les intéressent tous également : économie, promptitude, spécialité, esprit de famille.

liation, dans un grand nombre des localités.

Ce n'est qu'à défaut de conciliation qu'elles sont renvoyées au bureau général pour le jugement, et le jugement n'est rendu par lui, qu'autant qu'une nouvelle tentative de conciliation a échoué : ce qui arrive rarement (1).

Voilà le mérite essentiel de cette institution si précieuse pour l'industrie : LA CONCILIATION. Les deux parties ne sauraient lui accorder trop de confiance. L'expérience que nous avons faite en suivant les audiences du Conseil établi à Paris, nous ont fortifié dans cette pensée que nous ne nous lasserons pas de publier.

360 *bis*. L'appel des jugements rendus par les Prud'hommes se porte devant le tribunal de commerce du ressort, et, à défaut de tribunal de commerce, devant le tribunal civil de l'arrondissement.

SECTION DEUXIÈME.

ACTION DISCIPLINAIRE ET DE POLICE.

361. L'article 4 du décret du 3 août 1810

(1) Les statistiques officielles constatent que les conciliations s'obtiennent dans la proportion de 96 ou 97 pour cent.

s'exprime en ces termes : « Tout délit *tendant* » *à troubler l'ordre et la discipline de l'atelier*, » tout manquement des apprentis envers leurs » maîtres pourront être punis, par les Prud'- » hommes, *d'un emprisonnement qui n'excèdera* » *pas trois jours*, sans préjudice de l'exécution » de l'art. 19, tit. 5 de la loi du 22 germinal » an XI, *et de la concurrence des officiers de po-* » *lice et des tribunaux*. »

Le délit, ou plus exactement la contravention dont la loi veut obtenir la répression, résulte des disputes, injures, menaces ou actes de désobéissance, et en général de tous faits scandaleux et répréhensibles qui troublent l'ordre et la discipline de l'atelier, en préparant parfois un délit beaucoup plus grave, celui d'une coalition d'ouvriers. (V. ci-après nos 377 et suiv.)

En un mot, toute espèce de trouble ou de désordre causé dans l'atelier constitue le délit, suivant la loi.

362. L'appréciation du caractère légal qui doit s'attacher au fait est livrée à la conscience du juge, qui examine les circonstances.

363. La loi, ne faisant pas de distinction, s'applique à tout ouvrier; par conséquent à

l'ouvrier à façon comme à l'ouvrier à temps, et même au maître. (V. notre *Comp.*, n° 398.) Elle punit l'auteur du trouble, sans acception des personnes.

A l'égard de l'ouvrier à façon qui ne travaille pas dans l'atelier, la contravention doit se rencontrer rarement; elle existerait si, par exemple, voulant détourner d'autres ouvriers qui travaillent à la tâche ou à la pièce dans l'atelier, pour se faire accorder leur travail, il s'y était introduit et y avait répandu le trouble par ses paroles ou ses actes.

364. Devant les Prud'hommes, c'est la partie lésée qui est obligée de se rendre plaignante. Devant le juge de paix, constitué en tribunal de simple police, l'action peut être exercée d'office par le ministère public seul, si la partie ne poursuit pas elle-même. Le juge de paix a le droit aussi de porter la peine à cinq jours d'emprisonnement.

Nous avons suffisamment expliqué la marche de cette procédure dans notre *Comp.*, n°s 397 et suiv. — Renvoi.

365. Il importe encore à la partie lésée de s'adresser aux Prud'hommes, parce qu'il leur appartient surtout de connaître de ces débats

de famille qui appellent de leur part une intervention toute paternelle, et parce qu'ils sont, mieux que tout autre magistrat, à portée de les apprécier par leur expérience et leurs relations quotidiennes, en conciliant la prudence avec la fermeté.

366. Le plaignant peut, en exerçant l'action disciplinaire, conclure à des dommages-intérêts pour la réparation du préjudice qui lui a été causé.

367. Lorsque des détournements de matières premières ont été commises par des ouvriers, ou des infidélités par des teinturiers, la loi du 18 mars 1806, art. 12, charge les Prud'hommes de constater ces délits. (V. notre *Comp.*, n° 559.) Mais les Prud'hommes ne sont pas compétents pour les juger, non plus que tous autres actes, imputables aux maîtres comme aux ouvriers, et qui constitueraient des crimes ou délits. La connaissance de ces faits appartient aux tribunaux criminels seuls : si le délit qui a troublé l'ordre et la discipline de l'atelier, était assez grave pour emporter ce caractère, les Prud'hommes devraient le renvoyer aux juges compétents. (V. *Comp.*, n° 410.)

Il en serait de même, dans le cas où la simple contravention aurait été commise par des ouvriers, en réunion d'autres personnes étrangères aux fabriques. Le principe de la non-disjonction attribuerait la compétence au tribunal de simple police, vis-à-vis de tous les contrevenants.

368. Dans tous ces cas, si la partie veut se borner à réclamer, par la voie civile, la restitution du contrat de louage avec dommages-intérêts, à raison du fait dont elle a souffert, elle a le droit de porter sa demande devant les Prud'hommes, ainsi que nous l'avons exposé dans la précédente section.

TITRE IX.

PRESCRIPTION DES ACTIONS.

369. Toutes les actions résultant d'une convention, quelle qu'elle soit, doivent être exercées dans un délai déterminé; sinon, elles périssent d'elles-mêmes, et cette déchéance est la *prescription*.

La prescription s'applique donc au contrat

de louage d'ouvrage et d'industrie; la loi, trop peu précise dans les dispositions qui la concernent, a donné lieu à de sérieuses controverses qui restent encore indécises. Suivant nous, il convient d'admettre les distinctions suivantes :

L'art. 2271 du Code civil porte que « l'ac- » tion des ouvriers *et gens de travail*, pour le » payement de leurs journées, fournitures et » salaires, se prescrit par six mois. »

L'art. 2272 ajoute : « Celle des domestiques » qui se louent *à l'année*, pour le payement de » leur salaire, se prescrit par un an. »

370. D'après le texte et l'esprit de ces articles combinés, nous n'hésiterons pas à décider que, pour les ouvriers à temps, la prescription est de six mois, si le prix de leur engagement se trouve fixé à la journée ou à tant pour une période de jours ou de mois qui n'excède pas ce terme; et qu'elle est d'un an, si leur engagement a été stipulé à tant par an ou plus. Il n'y a guère que les contre-maîtres et certains maîtres ouvriers qui puissent se placer dans la seconde catégorie. (V. ci-dessus n° 87.)

Le prix de chaque période de temps forme

une créance *distincte*. Ainsi, l'ouvrier payé à tant par mois et qui serait créancier de sept mois, n'encourrait la prescription que pour les six premiers mois non payés.

370 *bis*. La prescription ne court pas contre l'ouvrier, lorsqu'il a demandé son règlement de compte en temps utile. De même, si des offres réelles lui ont été faites par le maître.

Pour les autres conditions de la prescription et la manière de l'interrompre, on consultera notre *Comp.*, n°s 188 et suiv., et les art. 2242 et suiv. du Code civil.

La reconnaissance écrite de la dette vaut interruption.

371. A l'égard du louage à façon, à la pièce ou à la tâche, la question est plus difficile. Nous avons émis dans le même ouvrage, n° 213, l'opinion que les art. 2271 et 2272 lui sont inapplicables. Après y avoir mûrement réfléchi, nous croyons devoir revenir sur cet avis et adopter la solution qui soumet les ouvriers à façon à la prescription de six mois, alors même qu'ils travaillent dans leur propre domicile. En effet, l'art. 2271 applique cette prescription *aux ouvriers* et aux gens de travail, pour le payement, dit-il, de leurs jour-

nées, *fournitures et salaires*. La pensée de la loi comprend donc d'autres ouvriers que ceux à la journée, désignés par elle plus spécialement sous le nom de gens de travail, dans l'art. 1779. La jurisprudence a même appliqué la disposition de l'art. 2271 à des menuisiers, charpentiers, serruriers, pour tous les ouvrages qui n'ont pas l'importance d'une entreprise à forfait, proprement dite. Or, on ne concevrait pas que, pour *le même ouvrage*, le maître fût passible de la prescription de six mois, et non l'ouvrier à façon qui aurait exécuté cet ouvrage pour compte de celui-ci (1).

372. L'action du maître contre l'ouvrier ne se prescrit que par le laps de trente années.

373. Quant à l'action disciplinaire ou de police, résultant de l'art. 1er du décret du 3 août 1810 (voir ci-dessus n° 361), elle se prescrit par un an ou deux ans, selon la distinction qu'ont établie les art. 639 et 640 du Code d'inst. crim.; à l'égard des actions en simple police. Le même Code fixe des délais plus longs pour les crimes et délits.

(1) Il est à désirer que la jurisprudence se fixe sur un point aussi important. Nous devons dire que, dans l'usage, le fabricant n'oppose presque jamais la prescription.

TITRE X.

PRIVILÉGE AU PROFIT DE L'OUVRIER.

---

374. Le Code civil n'accorde, nominativement du moins, aucun privilége aux ouvriers à temps, ni même aux ouvriers à façon, soit sur le mobilier du maître, soit sur le prix de leur ouvrage.

Cependant, nous avons pensé, *Compétence*, n° 212, et nous maintenons cette opinion, que l'ouvrier à façon a le droit de *retenir* l'ouvrage confectionné par lui jusqu'à son entier payement. La retenue est pour lui une garantie nécessaire; si elle ne lui procure pas un payement immédiat et toujours complet, elle est déjà une sorte de privilége. Mais l'usage des fabriques la rend presque impraticable

375. Nous répéterons ici que les ouvriers à journée et à façon ne nous paraissent pas fondés à réclamer le privilége spécial établi par l'art. 2102, n° 3, à l'égard des *frais faits pour la conservation de la chose*. (V. ci-dessus n° 236.)

376. Dans cet état de choses, les Conseils de Prud'hommes ont demandé qu'on fît cesser les difficultés et l'omission, en accordant à tous les ouvriers un privilége textuel, plus facile à exercer (V. notre *Compétence*, n°s 192 et 212), et la loi commerciale du 28 mai 1838, sur les faillites, a accueilli leur demande en partie.

Elle dispose, par l'art. 549, que « le salaire » acquis aux ouvriers employés directement » par le failli, pendant le *mois* qui aura précédé » la déclaration de faillite, sera admis au nom- » bre des créances privilégiées, au même rang » que le privilége établi par l'art. 2101 du » Code civil, pour le salaire des gens de ser- » vice. »

Mais cette disposition est insuffisante sous plusieurs rapports essentiels : — tous ceux pour lesquels des ouvriers ont travaillé, sans être payés, ne sont pas déclarés en faillite, et ces derniers, n'ont pas toujours le droit de provoquer la faillite ; ils en ont encore plus rarement le moyen. D'un autre côté, la loi commerciale ne comprend pas assez explicitement les ouvriers à façon. Elle refuse aux ouvriers qui ont travaillé pour le marchandeur tout privilége à l'égard de l'entrepreneur général. C'est dans la loi civile que le privilége doit trouver sa place, pour qu'on puisse l'appliquer à tous les cas où il est nécessaire (1).

TITRE XI.

COALITIONS.

377. Les coalitions ne naissent pas du con-

(1) Nous pensons qu'il conviendrait d'accorder un privilége général sur les meubles du débiteur au même rang que le privilége établi pour les gens de service, savoir :

Aux ouvriers à temps, pour un mois de leurs salaires et le mois courant ;

Aux ouvriers à façon travaillant dans l'atelier du fabricant, pour le prix des ouvrages exécutés par eux dans le dernier mois et le mois courant ;

Aux ouvriers à façon travaillant chez eux, pour le prix du travail livré dans le mois, sans que la somme puisse dépasser 300 francs.

La loi devrait ajouter : les ouvriers du marchandeur sans distinction auront, sur la chose par eux confectionnée, un privilége spécial pour le dernier mois de leurs travaux, pourvu qu'ils aient exercé ledit privilége par une signification faite à l'entrepreneur général avant la livraison de l'ouvrage dans ses mains, et seulement pour la portion par eux non recouvrée sur le mobilier du marchandeur.

Notre sentiment a été adopté par le Conseil des Prud'hommes de Paris (métaux), qui nous a autorisé à réclamer le privilége dans ces termes près de la commission chargée par M. le garde des sceaux de réviser le titre des *priviléges et hypothèques*. C'est ce que nous avons fait, en motivant notre demande.

trat de louage d'ouvrage et d'industrie, mais à son occasion, pour l'empêcher ou le dénaturer. Comme elles sont le fléau le plus dangereux pour l'industrie, l'ordre et la sûreté publics, de quelque côté qu'elles viennent, il nous est impossible de ne pas en signaler ici les conséquences légales.

Le Code pénal a puni de pareils délits. L'article 414 porte : « Toute coalition *entre ceux » qui font travailler des ouvriers*, tendant à for- » cer injustement et abusivement l'abaissement » des salaires, suivie d'une tentative ou d'un » commencement d'exécution, sera punie d'un » emprisonnement de six jours à un mois, et » d'une amende de 200 francs à 3,000 fr. »

L'art. 415 ajoute :

« Toute coalition de la part *des ouvriers* » pour faire cesser en même temps de travail- » ler, interdire le travail dans un atelier, em- » pêcher de s'y rendre et d'y rester avant ou » après de certaines heures, et en général » pour suspendre, empêcher, enchérir les » travaux, s'il y a tentative ou commencement » d'exécution, sera punie *d'un emprisonne- » ment d'un mois et de trois mois au plus.* »

Art. 416. « Seront aussi punis de la peine

» portée par l'article précédent et d'après les » mêmes distinctions, les ouvriers qui auront » prononcé des amendes, des défenses, des in- » terdictions ou toutes prescriptions sous le » nom de *damnation* et sous quelque qualifica- » tion que ce puisse être, soit contre les direc- » teurs d'atelier et les entrepreneurs d'ouvrage, » soit les uns contre les autres. »

» Dans le cas du présent article et dans celui » du précédent, *les chefs ou moteurs du délit* » pourront, après l'expiration de leur peine, » être mis sous la surveillance de la haute » police pendant deux ans au moins et cinq ans » au plus. »

378. C'est au tribunal de police correctionnelle qu'appartient la répression, sur la poursuite du ministère public. Et ces délits (1) sont jugés avec sévérité, lorsqu'ils résultent d'une malveillante préméditation.

379. Les textes de la loi sont si explicites qu'ils n'ont pas besoin de commentaire. Cependant on a cherché, dans une affaire récente, à mettre en doute le sens qu'ils présen-

(1) Les art. 413, 417 et suivants du même Code en punissent d'autres qui tendent à violer les règlements relatifs aux manufactures.

tent naturellement. On a prétendu que la coalition ne peut jamais consister, de la part des ouvriers, à se concerter pour obtenir un prix suffisant de leur travail, mais à employer des moyens de contrainte envers les entrepreneurs, des menaces, des démonstrations hostiles, des violences tendant à arracher le consentement de ceux-ci. Autrement, il y aurait une monstrueuse inégalité entre la condition des entrepreneurs et celle des ouvriers, car, aux premiers la loi ne défend pas le concert libre qui a pour objet d'abaisser les prix. Ces distinctions, plus spécieuses que solides, ont été rejetées par le tribunal de première instance et par la cour royale de Paris (1). En effet, c'est le concert que la loi défend et punit, n'importent la cause et les personnes, parce qu'il tend toujours à enchaîner la liberté des contractants.

380. Nous le répèterons, en terminant : le prix du travail doit être volontaire et libre ; il doit se débattre entre les deux parties seulement. On ne conçoit pas que l'uniformisation du salaire, par une sorte de tarif, soit possible

(1) Arrêt du 9 octobre 1845.

ou durable. Tel ouvrier habile et laborieux mérite de gagner cinq, six francs et plus par jour, lorsque tel autre serait payé trop chèrement à trois ou deux francs, s'il manque de talent et d'activité. A chacun, son œuvre ; à chaque œuvre, son fruit. Le système contraire tournerait contre les ouvriers eux-mêmes, en leur ôtant toute émulation, en sacrifiant les bons aux mauvais ouvriers. (V. notre *introduction*, et nº 63.)

381. Si les Conseils de Prud'hommes sont quelquefois impuissants pour éteindre une coalition quand elle a éclaté, ils ont à leur disposition des moyens efficaces pour la prévenir dans l'intérêt des ouvriers autant que des maîtres, en réprimant, par la voie disciplinaire, ces désordres d'atelier qui en sont ordinairement les précurseurs ; et surtout en conciliant, par la voie civile, ces petits différends qui, le plus souvent, en contiennent le germe. Une contestation, si légère et si insignifiante qu'elle apparût d'abord, aurait soulevé des animosités, aurait obtenu un retentissement fâcheux ; que si elle est apaisée, dès son principe, par la justice et l'équité de leurs pairs, le maître et l'ouvrier reviennent à l'atelier, oubliant leur

querelle, contents et disposés à vivre en paix jusqu'à ce qu'un autre différend, dont les occasions sont trop fréquentes, les ramène devant ce tribunal de famille dont ils suivront encore une fois les avis et les décisions.

Paris. — Imp. centrale de NAPOLÉON CHAIX ET Cie.

www.ingramcontent.com/pod-product-compliance
Ingram Content Group UK Ltd.
Pitfield, Milton Keynes, MK11 3LW, UK
UKHW021143260726
13994UKWH00001B/274